クイズで身につく
会社の数字

田中靖浩

日本経済新聞出版社

まえがき──日本中にあふれる「数字難民」を救え！

◆通常とは逆に、面白いトピックからスタート

　「苦手だからって逃げてばかりいないで、そろそろ会社数字の勉強でもしてみるか」──そんな多くの方に立ちはだかるのが、「最初の一歩」のハードル。

　会計にせよ経営分析にせよ、「会社の数字」に関する分野は、とにかく一番最初に目にする内容が難しく、そこで挫折をしてしまう人が多いのです。

　そんな「数字難民」を救うべく、私はこのクイズ本で、通常よくある説明の順番をひっくり返してみました。

　ふつう「会社の数字」についての解説といえば、簿記や決算書の読み方といった財務会計の基礎から始まります。次に儲けの構造をつかむ管理会計の考え方、そして最後に利益を生む戦略やマーケティング、行動経済学など、実際のビジネスに近い領域へと移っていきます。

　つまり「なじみのない専門用語の勉強から始まって、だんだん身近で面白いテーマを取り扱うようになる」という順番になっているのです。でもこれだと、最初の一歩がわからずに挫折した人は、「2度と帰らぬ人」になってしまいます。

　そこで本書は、「面白い最新のテーマ」から始めることにしました。だんだん専門用語が必要な領域へと

話は進みますが、この流れに沿って読むことで、無理なく理解できるように工夫しています。息抜きも用意しましたし、退屈な説明では終わらない、オリジナルなアプローチもありますので、おびえることなく読み進めて下さい。

　本書ではまず、心理学を含む最先端アプローチ「行動経済学」から始め、次にマーケティング的要素の濃い「管理会計」、次にやはり大事な「決算書の読み方」、身近な「経理あれこれ」で少し息抜きをしてもらい、最後はちょっと意外な中国古典「孫子の兵法」で締めくくっています。数字の勉強法だって「変わらなきゃ」という思いで、この構成を編み出しました。

◆大切なのは数字を「読み・活かす」力

　消費税率アップ、円安による原材料の値上がり、人件費や家賃の上昇などの要因で、コストはどんどん膨らんでいく傾向にあります。しかし、肝心の売上は下がる一方。そんな経営環境だからこそ、学ぶべき「会社の数字」についても、認識を改めるべきではないでしょうか。

　いまの世の中、細かい計算は優秀な経理ソフトがやってくれます。現代のビジネスパーソンは、簿記や経理の専門知識を学ぶヒマがあったら、経営や日々のビジネスに役立つ「数字の読み方」をマスターすべきです。

決算書を「読み・活かす」力は、実は簿記や経理だけを学んでいても身につきません。なぜなら、簿記や経理の知識というのは、基本的に「過去の数字に基づいて決算書を作る」ことに主眼を置いたものだからです。決算書を「作る」能力と「読み・活かす」力は、似て非なるものなのです。

　会計の知識は、身近な事例や生きたケースと結びつけて初めてビジネスに役立つものになります。そのため、本書では話題の会社事例を中心に「数字の読み方」を解説し、クイズ形式で楽しく考えられるようにしています。テーマも多くのビジネスパーソンの頭を悩ませている価格設定（プライシング）といった身近なものから、Ｍ＆Ａなどの大きな経営判断をともなうものまで、幅広く取り上げました。クイズを解きながら、そのウラにある考え方まで読むことで、よりいっそう深く理解できるはずです。

◆「会社の数字」は諸刃の剣

　読者の皆さん「会社の数字」の取り扱いには、どうかご注意ください。
　誤った数字重視や目先の数字偏重は、ともすれば会社の勢いを失わせ、ときに不正行為を引き起こします。最近、多くの日本の会社がその罠にはまっています。
　本来、数字は会社を良くするためにあります。その

原点に立ち戻るべく、「孫子の兵法」に数字管理の極意を学べ、という章を設けました。
　本書を読んで興味を持ったテーマについて、さらに知りたい人のために、巻末には参考図書リストもつけています。

　大切なのは数字を計算するのではなく、数字の読み取り力を鍛えること。
　大切なのは過去の数字に振り回されるのでなく、将来の数字を計画する力を付けること。
　大切なのは数字で人を縛り付けるのではなく、数字で勢いのある会社をつくること。
　そんな思いが、読者に伝われば著者として、とても嬉しく思います。
　それでは、どうぞ本書をお楽しみください。

2014年3月

田中 靖浩

目 次

I まずは、心の会計 ＝行動経済学からスタート

- Q01…ピーナッツバターを値上げする意外な方法 17
- Q02…買う人のいない高級腕時計広告の謎 19
- Q03…地鶏コラーゲンスープ・鶏飯付きを注文させる「もう1枚」 21
- Q04…消費税還元セールと下取りセールの共通点 23
- Q05…風変わりなクーポン大作戦 25
- Q06…NYでは大雨のときに限ってタクシーがつかまらない理由 27
- Q07…完売したら怒られた店長の困惑 29
- Q08…利益が出る株、損失が出る株、どっちを売る？ 31
- Q09…動いた痛みと動かない痛みはどっちが大きい？ 33
- コラム：社長が「変化を！」と叫べば叫ぶほど、会社は変われない 35

II 「儲けるための管理会計」の基本編

- Q10…LED電球やIHレンジがだんだん安くなる理由 43

Q11…家電業界はどれくらい
部品点数を削減したのか？ 45

Q12…赤字店舗をつぶしたら、
他の店舗が赤字になってしまった理由 47

Q13…豪華ディナーの店でもランチが安い
会計的な理由 49

Q14…マクドナルドは100円バーガー以降の
値下げで儲かったのか？ 51

Ⅲ いまこそ学びたい管理会計・プライシング編

Q15…ピザを値下げするなら、
どれだけ販売量を増やすべきか？ 57

Q16…関協タクシーの「5000円超分半額」
値下げが失敗した理由 59

コラム：値下げ戦略の成功条件と困難さ 61

Q17…新車の値下げと下取り価格アップ、
効果的な値引きはどちら？ 63

Q18…「良いモノづくり」から一歩進んだ
マーケティング戦略とは？ 65

Q19…うどん定期券は、
どのように儲けをもたらすか？ 67

Ⅳ 損益計算書から儲けの構造を読む

1…決算書の基本は「点と線」 70

2…損益計算書(P/L)の読み方について 71

3…P/Lは「収益−費用=利益」を計算する 72

4…売上総利益率(粗利率)と営業利益率を読む 74

Q20…近鉄、JR東海、JR東日本のなかで、
　　　もっとも運輸業の割合が低い会社は? 75

Q21…ソフトバンク、JT、三菱商事のなかで、
　　　もっとも海外売上比率の高い会社は? 77

Q22…ニトリより大きい資生堂の粗利率は何%? 79

Q23…営業利益率が大きいのは、
　　　ニトリと資生堂のどちら? 81

Q24…ヤマダ電機が2013年上半期にいきなり
　　　営業赤字に転落した理由は? 83

Q25…この5年でもっとも受験料収入が増えた
　　　人気大学はどこか? 85

 V　貸借対照表から会社の規模と財務体質を読む

1…貸借対照表 (B/S) のキモは「調達と運用」 88

2…貸借対照表から会社の財務体質を読む 89

Q26…日テレの貸借対照表を探せ! 93

Q27…日産自動車の貸借対照表を探せ! 95

Q28…生まれ変わった日本航空、
　　　再建への努力とは? 97

Q29…電力会社と電鉄会社の自己資本比率が
　　　低い理由 99

Q30…高度成長期の会社は、いまより
　　　自己資本比率が高かったか低かったか? 101

Q31…「銀座で宝石店に強盗、1億円の損害」。
この1億円の意味は？ 103

Q32…貸借対照表が小さいのは
コクヨかアスクルか？ 105

Ⅵ キャッシュフロー計算書から カネの流れを読む

1…もうひとつの「線」：
キャッシュフロー計算書（C/S） 108

2…P/LとC/Sをめぐる進化と回帰の歴史 109

3…キャッシュフローの3区分を読む 110

4…FCF（フリー・キャッシュフロー）を読む 111

Q33…ナポレオン戦争後、
鉄道会社が編み出した会計処理は？ 113

Q34…江戸の商人たちは火事のとき、
穴蔵に何を隠したのか？ 115

Q35…どうして増収増益の会社が
突然つぶれるのか？ 117

Q36…良品計画、在庫を減らすために
社長が行った荒療治とは？ 119

Q37…イオンとセブンのキャッシュフローを
比べてみよう 121

Q38…任天堂とシャープのキャッシュフローを
比べてみよう 123

Ⅶ 知らぬ間に職場に影響を与えている数字あれこれ

Q39…マイナスを三角マークで表す理由は？ 129

Q40…レジで「1万円札入ります」と
声を掛ける理由は？ 131

Q41…簿記の受験者はセンター試験受験者より
多いか少ないか？ 133

Q42…年末になるとカレンダーと手帳が
送られてくる理由 135

Q43…会計士・税理士の電卓が大きいのはどうして？ 137

Q44…交通違反の反則金にノルマはあるのか？ 139

Ⅷ M&Aと効率経営の分析

Q45…ウルトラマンで有名な円谷プロの
第2位となる株主は？ 145

Q46…高級腕時計ブランド「オメガ」を
買収した会社はどこ？ 147

Q47…派手なM&Aでキリンの決算書は
どう変わったか？① 149

Q48…派手なM&Aでキリンの決算書は
どう変わったか？② 151

Q49…キヤノンの御手洗氏が
税務署から教わった経営の極意 153

Q50…ROA向上につながらない行動は
どれでしょう？ 155

11

Q51…ROAの背景にある株主重視経営の
　　　　問題点は？ 157

コラム：会社の「勢い」を取り戻せ 159

「孫子の兵法」に数字管理の極意を学べ

1…世界で最古の戦略書「孫子の兵法」 162

2…戦わずして勝つ、不敗の原則 163

3…将たる者、部下のやる気や
　　　モチベーションに頼るな！ 164

Q52…「1日2時間のみ営業、注文は2杯まで」の
　　　　ビールスタンドの謎 165

Q53…なぜかスーパーマーケットの上にある
　　　　フィットネスクラブ 167

Q54…注文した品が届くとお客さんが
　　　　歓声を上げる喫茶店 169

Q55…会社に勢いを付けるために、
　　　　どんな表彰を行うか？ 171

Q56…リッツ・カールトンで1人2000ドル分
　　　　与えられる意外な予算 173

Q57…優秀な従業員に与えられる
　　　　意外な権利とは？ 175

Q58…ヨーカ堂がPOS導入を遅らせた理由 177

もっと学びたい人のための参考図書リスト 179

本文デザイン…中村真衣子（梅田敏典デザイン事務所）
本文イラスト…キットデザイン株式会社

I
まずは、心の会計
＝行動経済学から
スタート

ビジネスに心理学を持ち込み、世界中から注目を集める最先端の経済学＝行動経済学。

しかし「名前も聞いたことがない」という人も多いと思います。どう考えてもこのネーミングはいまいち。

もともと行動経済学はBehavioral economics。これが中学生なみの直訳で行動経済学と訳されました。

人間はときに直感や思い込みによって行動する。そのクセやパターンをあらかじめ知っておけば、ビジネスに役立てられるかも？ そんな研究を行う行動経済学は、「ビジネス心理学」とでも名付けたほうが良さそうです。

行動経済学は2002年度にダニエル・カーネマン博士がノーベル経済学賞を受賞してから急に注目され始めました。当時ノーベル経済学賞を受賞するのは金融工学はじめ"数学オタク"がほとんどだったのに、心理学を研究するカーネマン博士が「ノーベル経済学賞」をとったことで騒ぎが起こったのです。

カーネマン博士は従来の経済学やビジネス界の専門家が「常識」としていたことがらについて、「それ、ちがうかもよ」と疑問を提示したのです。さてカーネマン博士はどんな疑問を投げかけたのでしょう？

ここはクイズを用いて説明しましょう。次のクイズに答えてみてください。

クイズ：この人はだれ？

　大学生の渡部君は、幼稚園のときに父親を病気で亡くしました。

　そのあと女手ひとつで育ててくれた母親に、彼は感謝を忘れたことはありません。

　そんな渡部君ですが、友人と一緒に出かけたスキー場にて遭難してしまいました。

　翌朝になって無事に救出され、病院に担ぎ込まれた渡部君。幸いなことにケガもなく無事でした。

　彼の病室に地元警察が連れてきたのが、大手銀行の取締役という人物。その人は病室に駆け込むやいなや、「私の息子、無事で良かった、本当に良かった」と叫びました。

　渡部君の父親が死んだ後、母親は再婚していません。

　一体、何が起こったというのでしょう？

　はたして病室に飛び込んできた人は誰だったのでしょうか？

答：病室に駆け込んできたのは
　　渡部君の母親だった

　あなたは「男性が病室に駆け込んだ」と想像しませんでしたか？　もしそうであれば、脳が勝手に「大手銀行の取締役＝男性」と思い込んだのです。クイズのどこにも「男性」とは書かれていません。

　私たちには自分でも意識していない無意識の「思い込み」や「思考のクセ」があります。カーネマンはそれが本人の「行動」にも大きな影響を及ぼすことを明らかにしました。

　従来の経済学は「人間は合理的な存在である」との仮定の下で組み立てられてきましたが、カーネマンは「そうでもないよ、人間って意外に直感的に行動するおバカさんだよ」という事実を明らかにしたのです。

　ときに直感（ヒューリスティクス）だけで行動してしまうし、損失を毛嫌いする心理的な特性を持っている。そんな人間の思い込みやクセをビジネスに役立てようとする行動経済学が、実際に応用され始めました。最近は投資をはじめさまざまな分野に展開され、心の会計（メンタル・アカウンティング）という言葉まで登場しています。

　そんな人間心理を学ぶ行動経済学クイズ、さあ、いってみよう！

Q.01

ピーナッツバターを値上げする意外な方法

　消費税率の引き上げ、円安による原材料価格の高騰、人件費のアップ……。コストは上がる一方ですが、それをなかなか価格に転嫁できないのが商売というもの。

　「製品を値上げするのは難しい」。これは世界中の商売人が頭を悩ませる大問題です。

　どの国の消費者も、「値上がり」に気が付くと購買意欲が萎えてしまいます。とくに、ふだん買い慣れた製品については値上げの苦痛が大きいもの。

　ここでアメリカで有名なピーナッツバター「スキッピー」は意外な値上げの方法をとりました。

　それはどんな方法でしょうか？

hint 値上げには価格を上げる以外の方法があるのでしょうか？

A.01

容器を底上げした

　私たちは買い物をする際、製品の「価格」についてとても敏感です。価格が値上がりした場合、そこに大きな心理的苦痛を感じます。

　その反面、「容器の大きさ」には鈍感であり、容器が少々小さくなっても気が付きません。

　スキッピーのように「底上げ」が行われたとしても、おそらくほとんどの人が気付かなかったことでしょう。

　この場合、製品の価格そのものは変わらなくとも、中身が少なくなっているのですから明らかに値上げです。同じ値上げでも私たちは、価格の値上げには敏感である一方、中身の減少には鈍感なのです。

　アメリカ人だろうが日本人だろうが、ケロッグのシリアル製品の箱の奥行き（厚さ）が薄くなったことには、人から言われるまで気付きません。

　ポテトチップスの袋の中身が昔より少ないなあ、と思っても「気のせいかなぁ」でおしまい。飲み屋で少しずつ小さくなる「中ジョッキ」の器にも無頓着、トイレットペーパーの芯が太くなり、ティッシュ箱に入っている枚数が減っても気が付きません。人間は価格のみに目を奪われてしまう、哀しい生き物なのです。

Q.02

買う人のいない
高級腕時計広告の謎

　美容室などによく置かれている情報誌。

　ページをぱらぱらめくると、数十万円どころか、数千万円もする高額腕時計の広告を見かけます。

　意地の悪い私は「どう考えてもこの雑誌の読者は買わないよな」と思うのです。

　そこで問題です。だとしたら、どうして広告が出ているのでしょう？

hint 広告を見て「カッコいいなあ」と思った人は、もしかするとお店に足を運ぶかもしれません。そこまで考えた作戦だとしたら？

A.02
それより安い時計の「お買い得感」を演出するため

　エルメス、グッチ、プラダ……。ブランドショップにはよく「この値段で誰が買うんだ？」という超高級商品が目立つところに飾られています。入り口近くでその価格を見てしまった人はその価格が頭から離れません。

　たとえば2000万円のダイヤ付き腕時計を見た人は、店内でダイヤの付いていない100万円の腕時計を見ると妙に割安に感じてしまいます。ましてや5000円のキーホルダーなど、タダのように見えてしまうわけです。このように、私たちは無意識に高い価格と低い価格との対比を行っています。

　ここで、対比される金額のことを行動経済学でアンカーといいます。船のアンカー（錨）のごとく、高い商品の価格が私たちの脳に打ち込まれると、他のものが安く見えるのですね。

　超高級時計の広告もこうしたアンカーになっているのはまちがいありません。広告を見てショップに足を運んだ人の何人かが「それより安い時計」や「キーホルダー」を買ってくれれば広告は成功なのです。

Q.03

地鶏コラーゲンスープ・鶏飯付きを注文させる「もう1枚」

　沖縄そばの店「コッコ食堂　美ら海店」では、ご主人が育てた地鶏を煮込んだコラーゲンスープが自慢。

　このスープに鶏飯を付けたメニュー（1000円）をお客さんに注文してもらうため、ご主人はひと工夫。

　「コラーゲンスープ付き鶏飯 1000円」の隣に、もう1枚のメニューを貼り出したのです。

　これを見比べたお客の多くは「コラーゲンスープ付き鶏飯 1000円」を注文するそうです。

　さて、ご主人は「もう1枚」のメニューに何と書いたでしょうか？

hint そういえばマクドナルドが期間限定の1000円バーガーを発売していましたね。あの値段を見てから、他のハンバーガーが安く感じるようになりました。

A.03
「コラーゲンスープ(単品)1億円」と書いた

　この食堂のことはテレビで見て知りました。

　解答の「コラーゲンスープ（単品）1億円」を見た瞬間、私は思わず唸りました。すばらしい！

　コッコ食堂のご主人は、おそらく行動経済学など知らないはず。しかしこれは、行動経済学が説く「極端回避性」そのものです。

　私たちはレストランや食堂で「松・竹・梅」から決めるとき、真ん中の「竹」を選びがち。両端を避けて真ん中を選ぶこの行動を極端回避性といいます。

　電車の座席では端を選ぶのに、買い物では無意識に両極端を回避してしまう私たち。

　売り場では、1万円と3万円の洋服を売るとき、3万円の服を売りたければ、もっと高価な5万円の服を並べておくといいそうです。5万円がアンカーとなって3万円が安く見えるのですね。

　さらには高価格のアンカリング、極端回避性だけでなく「コラーゲンスープ（単品）1億円」には「これが自慢の一品なんだな」とイチ押しを伝える効果もあります。

　こうした心理作戦、あまり上手にやられると腹も立ちますが、コラーゲンスープ「1億円」と書かれると、思わずニヤリとしてしまうところが最高ですね。

Q.04

消費税還元セールと下取りセールの共通点

かつてイトーヨーカ堂が行って大成功を収めた「消費税還元セール」と「下取りセール」。

この2つのセールには、「顧客の心理」から見ると重要な共通点があります。

さて、その共通点とは何でしょうか？

hint お客さんの立場に立って考えてみましょう。この2つのセールは顧客に対してどんな「心理的効果」をもつでしょうか？

A.04

人々を「心の痛み」から救う作戦

　景気が低迷する1997年、人々は3%から5%に増税された消費税に溜め息をついていました。そこにイトーヨーカ堂は「消費税還元セール」と称してセールを行ったのです。またその後、不景気感が強まるなかにあってイトーヨーカ堂は「下取りセール」を行って大成功させました。

　2つのセールはともに「消費者の苦しみ」に対して、「その苦しみを救済する」ものです。

　行動経済学によれば、人はトクすることよりもソンすることを1.5〜2.5倍も強く感じる生き物なのだとか。だから強く痛みを感じる損失を回避しようとする「損失回避性」の行動特性をもちます。

　人が損失、つまり痛みや苦しみを強く感じ、それを避けようとするからこそヨーカ堂の「苦しみ救済セール」が効果的なのですね。

　損失回避性を前提にすれば、ビジネスでいえば商品サービスを売り込む際、「こんなに良いことがありますよ」とお客さんに「トク」をアピールするより、「あなたの嫌なことをなくします」と「ソンの回避」を売り込む方がずっと効果的だということです。

Q.05

風変わりな
クーポン大作戦

　クーポンが花盛りです。

　新聞の折り込みチラシに入るもの、お店で渡されるもの、街角で配られるもの……。

　受け取ってしまうと、なんとなく捨てられないクーポン。でも財布のなかにしまい込んだクーポンは、使われることなく有効期限を迎えてしまうことがよくあります。

　そんなクーポンにかかわる問題です。

　讃岐うどんチェーン「はまなるうどん」は、クーポン乱立のなか、少々風変わりなクーポン作戦を展開しました。

　さてそれはどんな内容だったのでしょう？

hint これも顧客心理の面から考えてみましょう。私たちは期限切れのクーポンを捨てるとき「あ〜あ」という気分になります。そんな心理的ショックを和らげるには？

A.05
どんな「期限切れクーポン」でも持参すれば50円値引き

　売上増加を目的として配布されるクーポン。店側は「これを使うとおトクですよ〜」とお得感を訴えつつ、これを使わせるためにクーポンの「有効期限」を定めていることがほとんど。

　あなたの財布のなかにも「期限切れのクーポン」が入っていませんか？

　「使おうとしたら期限切れで使えなかった」とガッカリした人も多いと思います。

　そんなガッカリ感を逆手に取ったのが、はなまるうどん「期限切れクーポン大復活祭」キャンペーン（2012年に実施）。

　自社のクーポンだけでなく、他社のどんな期限切れクーポンでも持参すれば50円割引というこのキャンペーン、一見すると「エッ」と思いますが、行動経済学の「損失回避性」からみれば「なるほど」と納得する作戦です。

　期限切れで「あ〜あ」と思った気分が「回避」されるのは、消費増税で辛い気分が「消費税還元セール」で回避されるのと同じ効果を持つわけです。

Q.06

NYでは大雨のときに限ってタクシーがつかまらない理由

　急な大雨や雪が降ったとき、ついタクシーを探してしまいますね。

　タクシーにとって大雨や雪の悪天候は稼ぎどき。しかしニューヨークでは「雨が降ったとき」に限ってタクシーがつかまらないそうです。

　乗りたいときに限って乗れないニューヨークのタクシー。さて、その理由は？

hint 稼ぎどきである雨の日、タクシードライバーは何を考えるでしょうか？

A.06
そこそこ稼いだドライバーが家に帰ってしまうから

　これは行動経済学の本に数多く紹介されている事例です。
　それほど経済的に裕福とはいえないイエローキャブ（ニューヨークのタクシーの通称）のドライバーたち。
　彼らは生活のため「1日にこれくらいは稼ぎたい」という「売上予算」を意識して走っています。
　雨が降ると突然お客が増えて、たちまちその日の売上予算を達成してしまいます。すると彼らは予算達成を喜んで自宅に帰ってしまうというわけ。
　本来、雨の日に運転を続ければもっともっと稼げるのですが、彼らはそのチャンスロス（＝機会損失）は気にしません。
　このように短期的・具体的な目標設定が「それ以上の努力を妨げている＝チャンスロスを発生させている」例はあちこちで発生しています。たとえば「今月は目標達成したからもういいや」と手を抜いている営業マン、あなたの周りにいませんか？

Q.07

完売したら怒られた店長の困惑

あるコンビニ店長さんのお話。

その店長さん、近所の小学校で運動会があるとの情報をゲット。

それならばと当日、豪華な弁当を仕入れて販売しました。狙いは見事的中して弁当は完売。

「どんなもんだい！」と自らの情報力と仕入の的確さに惚れ惚れする店長。この顛末を、本社の社長に自慢したところ、褒められるどころか「何をやっているんだ」と怒られてしまいました。

さて問題です。店長さんは、どうして怒られたのでしょうか？

hint ニューヨークのタクシー運転手は自分で気が付かないうちに「損失」を出していましたね。この店長さんはそんな罠にはまっていないでしょうか？

A.07
仕入が少なすぎたことでチャンスロス(機会損失)が生じた

　コンビニ店長さんにとって、商売の損失＝ロスには２種類があります。それが「在庫ロス」と「チャンスロス」。このうち在庫ロスはたくさん仕入すぎて売れなかったという損失、チャンスロスは仕入が少なすぎて品切れになったという損失です。

　このうち在庫ロスのみが会計上の計算対象になり、チャンスロスは一切会計帳簿には記録されません。会計数字に関係ないところでお客さんが去っていくだけなのです。

　だから数字を気にする店長さんは、在庫ロスを気にしすぎる反面、NYのタクシー運転手と同様、チャンスロスに対して鈍感になってしまう傾向があります。

　このクイズはセブン－イレブンの事例をもとに作成しました。売り切れを喜ぶ店長さんに向かって「売り切れを喜ぶより、品切れを反省しろ」と怒る社長の心は「もっとチャンスロスを気にしろ！」というメッセージなのです。

Q.08

利益が出る株、損失が出る株、どっちを売る?

あなたはいま、手持ちの株を売って現金を1000万円つくらねばなりません。

売却するのはA株とB株のいずれかであり、どちらを売っても1000万円になります。

A株は買ったときより値上がりしており、売ると200万円の利益が出ます。

B株は買ったときより値下がりしており、売ると200万円の損失が出ます。

あなたならどちらを売りますか?

注:税金のことは考えないでください

hint 買い値と売り値の差額で「利益または損失」が計算されます。A株を売った方が気分は良さそうです。しかしそれは本当に正しい行動なのでしょうか?

A.08
これから値上がりすると思うほうを残し、そうでないほうを売るべき

　株式の売却については「将来どちらが値上がりするか」の先読みがポイント。

　「値上がりする」と思うほうを手元に残し、そうでないほうを売却するのが正解。過去の買値によって利益・損失のどっちが出るかはどうでもいい話であり、これを意識するのはまちがいです。

　……というのが、経済合理的な正解です。

　ただ、多くの人はそんな「正解」行動を取れないはず。

　人間は自分のことを正しい、優秀であると思いたい生き物です。だから計算上、「損失」が出る取引を避けようとします。よって「自分はスゴイ！」と自己満足に浸れる「利益」が出る取引を好むわけです。

　この例ではA株が売却されることが多くなります。これも心理的な損失回避の一種と解釈できます。

　現在、日本中で「どうして撤退しないんだろう」という赤字事業がずるずると続けられています。その「損切りできない＝赤字事業からの撤退ができない」行動の奥底には、利益を好む心理が潜んでいるのです。

Q.09

動いた痛みと 動かない痛みは どっちが大きい?

三浦君はA社の株を持っています。ずっとB社の株に乗り換えようと悩んでいましたが、結局乗り換えませんでした。あとになって、もしA社の株を売ってB社の株に乗り換えていたら100万円儲かっていたことがわかりました。

佐藤君はB社の株を持っていましたが、途中でA社の株に乗り換えました。あとになって、もしB社株を持ち続けていたら100万円儲かったはずだとわかりました。

さて、より深く後悔するのは、2人のうちどちらでしょう?

hint 「動かず」に損した三浦君と、「動いて」損した佐藤君。精神的なショックが大きいのはどっち?

A.09

乗り換えて損をした 佐藤君のほうが後悔する

　おそらく読者の多くは「乗り換えて損した佐藤君」のほうがショックを受けると答えたことでしょう。

　もしそうなら、あなたの「意思決定」には、とても重要な心理的要素が隠されています。

　「動かないで損した」三浦君と「動いて損した」佐藤君は、会計的にみれば同じ金額を損しているのです。ここで佐藤君のほうが後悔すると想像する読者の心には「動かない損失より動いた損失を強く感じる」特性があります。

　この心理的な特性によって人は現状維持を好むわけです。転職したいけどできない、離婚したいけどできない……あらゆる場面で一歩踏み出せない人の心には「現状維持を好む」心理があるのです。

　そんな「現状維持を好む心理」がビジネスにも現れるとしたら……おっと、説明は要りませんね。もうすでに皆さんのまわりには「現状維持愛好家」があふれているでしょうから。

Column

社長が「変化を!」と叫べば叫ぶほど、会社は変われない

　行動経済学＝ビジネス心理学クイズ、お楽しみいただけましたか？

　私たちの思い込みや、無意識のうちに行われる損失回避行動など、行動経済学によるたくさんの気付きがあります。

　ここで本書のクイズを改めて振り返ってみましょう。

　Q01（ピーナッツバター）からQ05（期限切れクーポン）までは、お客さんの心理についてのクイズでした。これに対してQ06（NYタクシー）からQ 09（株の乗り換え）までは、働く従業員側の心理に関するクイズになっています。

　行動経済学は、私たちの心理的特性が、顧客そして従業員という立場でそれぞれどんな行動を引き起こすかを教えてくれます。

　行動経済学の本によれば、どちらかというと「お客さんの心理」に注目が集まっており、「顧客にいかに買ってもらうか」について注目した話が多いようです。

　私は本書の「会社の数字」という立場から、とくに「従業員の心理」に注目しています。

　本書のQ06〜09を「会社の数字」的にみると、以下のような教訓を得ることができます。

Q06（NYタクシー）：低すぎる予算は、従業員のやる気をなくす効果がある
　Q07（コンビニ）：決算数字が意識されすぎると、チャンスロスに鈍感になる
　Q08（どちらの株を売却）：過去から現在の数字を強調しすぎると、将来の儲けが失われる
　Q09（動くか動かないか）：状況が悪くなるほど、人は「動かないこと」を選択する

　いずれの元ネタも「数字管理」を考えるうえで重大なヒントを与えてくれます。
　物事には必ず裏と表、光と影の二面性があることを承知しておかねばなりません。一見すると客観的で合理的な「数字による管理」にも、裏の面があります。
　とくにQ09の「ほとんどの人は動いた方が痛みを強く感じる」現状維持愛好は「なるほど!」と納得できる話です。このクイズを私の身のまわりの人間に答えてもらったところ、10人のうち8人は現状維持愛好でした。ちなみに残りの2人は自営業とベンチャー経営者。安定的な大企業に勤める人ほど現状維持愛好が強いようです。

　私は過去、数字を見て「危ないなあ」と感じた会社の友人に、「お前の会社、危ないかもよ」と、やんわり警告を発したことがあります。しかし友人たちは、

誰ひとりとして会社を辞めませんでした。
　彼らには「ここで裏切れるか」という正義感とともに行動経済学のいう現状維持愛好があったのだと思います。「辞めないで残る」そして「辞めて転職する」の選択について、多くの人は「動かない損失＜動いた損失」と感じるため、「動かない＝辞めないで会社に残る」という現状維持を選択しがちなのです。

　本来、危ない場所からは逃げるべきなのに、それができない現状維持心理。業績悪化に苦しむ会社ほど「変化を！」と社長が大声で叫びます。
　しかし社長がそうやって叫べば叫ぶほどに従業員は危機を察知して現状維持を強めてしまうのです、恐ろしいことに。

II 「儲けるための管理会計」の基本編

I章の行動経済学クイズ、いかがでしたか？
　私たちの思い込みや直感などが引き起こす「おかしな行動」の数々。へぇ〜というネタも多かったと思います。行動経済学は実に興味深い分野ですが、その堅苦しいネーミングのせいか、知名度はまだまだの様子。

　堅苦しいネーミングといえば、本章で扱う「管理会計」もまったく同じ。

　管理会計、管理する会計……この言葉からは高圧的で小難しそうな印象しか伝わってきません。これも行動経済学と同じく翻訳の失敗といえそうです。

　管理会計はもともとマネジメント・アカウンティング。つまり経営のための会計なのです。それは「数字を経営に役立てよう」とする試みです。

　過去を表す決算書中心の財務会計とは別に、未来の儲けを増やす利益計画など「数字を経営に活かす方法」を考える。これが管理会計です。

　財務会計の枠組みで作られる決算書は作り方がルールで決められています。一方の管理会計は形式・タイミングなどすべて自由です。やってもやらなくてもいいし、形式も自由。だからこそ管理会計担当者の腕の見せどころなのですね。

財務会計vs管理会計

財務会計：
過去志向で義務・ルールが多い
決算書が中心

管理会計：
未来志向ですべて自由自在
利益計画など

　ただ、管理会計はその自由さゆえにとらえどころなく、勉強しにくいのも事実です。本章ではあまり「お勉強」にならぬよう、できるだけ皆さんの身の回りに近いところからクイズを出題します。

　ここではクイズを解く前に、最低限の知識だけ頭に入れておきましょう。

　それが変動費と固定費のコスト区分です。変動費は売上に比例するコスト、固定費は売上に比例せず固定的にかかるコストです。

　流通業のスーパーでいえば仕入コストが変動費で、家賃・水道光熱費・人件費は固定費。製造業でいえば、原材料費（部品の調達コスト）が変動費で、工場機械の減価償却費などが固定費。また会社の規模が大きく

なると、人事・労務・経理といった本社スタッフのコストが大きくなりますがこれも売上に関係なく発生する固定費です。

　どんな会社にも変動費と固定費の両方があり、どちらが大きいかによって会社のコスト削減や価格戦略（プライシング）は大きく影響を受けることになります。

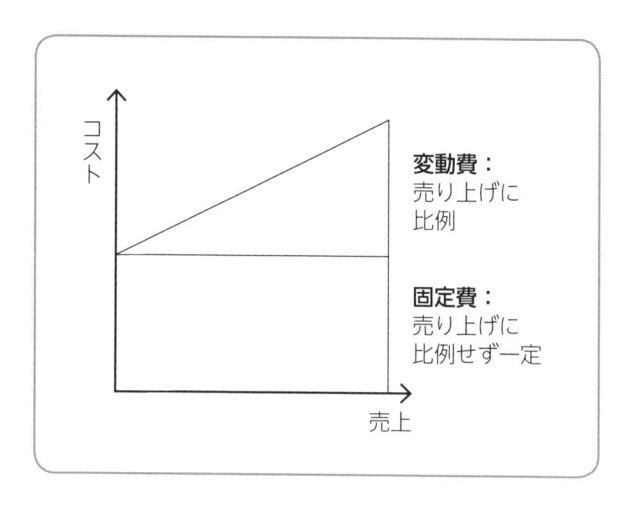

変動費： 売り上げに比例

固定費： 売り上げに比例せず一定

Q.10

LED電球やIHレンジがだんだん安くなる理由

　最近でいえばLED電球やIHレンジ。少し前でいえばパソコン。

　ほとんどの家電製品は発売から時間が経つにつれ、だんだん販売価格が下がって安くなります。

　私たちはふだんそのことを当然だと思っていますが、ここには会社のコストと利益をめぐる重大な問題が隠されています。

　販売価格が下がる理由を「会社のコスト」面から考えてみましょう。

　どうして家電製品の価格はだんだん下がるのでしょうか？

hint 会社にとってプライシングの出発点となる「製品1個当たりのコスト」は「製品1個当たりの変動費」に「製品1個当たりの固定費」を足して計算されます。ここで、製品が普及してたくさん売れると「1個当たり固定費」はどうなるでしょう？

A.10
製品が普及するにつれ、「1個当たり固定費」がどんどん安くなるから

「大きいことはいいことだ」——これはかつて景気が良かった頃の日本でさかんに使われたフレーズ。

これをビジネス風に表現したのが「スケールメリット」に他なりません。

事業の規模が2倍になれば、儲け（利益）も2倍になるのは小学生でもわかる理屈ですが、会社の場合、利益が2倍以上に増えます——その謎を解くカギが、固定費の存在なのです。

人件費や場所代などの固定費は、何個作って売ろうが同じ金額がかかります。

会社はこの固定費をそのときの生産量で割って、「製品1個当たりの固定費」を計算します。だからたくさん作って売れば、計算上「1個当たりの固定費」がどんどん小さくなります。これによって「1個当たりの製品コスト」が下がるので、値下げすることができるというわけ。

景気が良かった頃の日本では、人口増加で需要が拡大し、海外への輸出が拡大するなかで「製品が売れる→製品コストが下がる→値下げできる→もっと製品が売れる」というスケールメリットの好循環が発生したのですね。

Q.11

家電業界はどれくらい部品点数を削減したのか？

日本の家電業界各社は、韓国、中国、新興国企業の追い上げにあって業績悪化が続いています。

そこで近年、家電業界各社はさまざまな製品コストの削減に取り組んでいます。日本経済新聞によれば、ソニーは2003年、パナソニックは2004年に大幅な「部品の標準化」を行いました。

バラバラに開発・購入している部品を標準化して部品点数を減らし、それを集中購買すれば、調達コストを引下げることができます。

そこで問題です。ソニーとパナソニックは何％の部品の種類（点数）の削減を目指すと発表したでしょうか？

hint この取り組みはある程度、劇的に減らさないと効果が出ません。両社とも設計から製造プロセスを抜本的に見直したようです。

A.11
部品点数を「90％」削減した

　多くの方が家電業界や自動車業界の会社について「固定費が大きい」イメージを持っているようです。

　おそらくは子どもの頃に訪れた工場見学の印象でしょう。工場にはたくさんの機械がズラリと並んでおり、「減価償却費が高そうだなあ」と思いがち。

　しかし実際のところ、費用のうち部品の調達コスト（＝原材料費）の占める割合がとても大きいのです。たとえばパソコンを作るメーカーは、他社からハードディスク、CPU、メモリー、電源ユニットなどの部品を調達しなければなりません。この部品調達コストは変動費です。

　ソニーとパナソニックは90％の部品を削減したそうです。機能や構造の単純化、部品の共通化、部品のモジュール化などあらゆる手段を駆使して90％もの削減を行ったのですね。

　この部品標準化の取り組みは2003年と2004年、つまりリーマンショック（2008年）の5年も前のことです。リーマンショック前からこんな変動費の削減が行われていたとは、すこし驚きですね。

Q.12

赤字店舗をつぶしたら、他の店舗が赤字になってしまった理由

複数の店舗を展開するレストランチェーン「焼き肉大王(仮名)」では、数字好きの社長が撤退した店舗別の採算管理を行っています。

「赤字店舗は去れ!」とばかりに赤字の店を閉鎖し、黒字店舗ばかりにしたと思いきや、さらに赤字店舗が増えてしまいました。「全体の売上は下がっていないのに、どうして赤字の店が増えたのだろう?」と社長は頭を抱えています。

赤字店舗を閉鎖したら、他の店が赤字になってしまう怪奇現象の理由は何でしょう?

hint ポイントは店舗別・採算管理の中身です。店舗別に売上と利益を計算するのは当然として、「店舗利益」はどうやって計算されるでしょうか?

A.12 赤字だと思っていた店舗が実は黒字(店舗売上ー店舗コストがプラス)だったから

「焼き肉大王」と仮の名前にしましたが、レストランや衣料品などチェーン展開する会社で実際に多発しているのが「赤字の店を閉めたら他の店が赤字になる」怪奇現象。ここで「店舗ごとの利益」の計算方法が最大のポイント。怪奇現象の発生する原因は「本社コスト」にあります。

各店舗の利益を計算するにあたり、まず店舗売上から店舗コスト(原材料費、従業員給料、水道光熱費など)を引きます。そのあと本社コストの割り振り分を差し引くことによって「店舗利益」を計算します。

つまり「店舗売上ー店舗コストー本社コスト割り振り分＝店舗利益」と計算されるわけです。

ここで計算される最終的な「店舗利益」が赤字だからといって閉鎖すると、少々困ったことが起こります。それは、この店が負担していた「本社コストの割り振り分」を他の店舗が負担させられることです。

店舗の数が減れば1店舗当たりの負担額は当然増えますので、他の店まで赤字になっていくのです。

ここは「店舗売上ー店舗コスト」の段階で黒字であれば、営業を継続するという判断はありえます。このように、「店舗の採算性」をどのように計算し、判断するかはなかなか難しい問題なのです。

Q.13

豪華ディナーの店でも
ランチが安い会計的な理由

　とても値段の高価な豪華ディナーのレストランでも、ランチはお得な価格で提供していることが多いようです。私たちは、「高級店でもランチは安い」ことを当たり前に感じています。

　豪華ディナーの高級店でも、どうしてランチは安い値段で出せるのでしょうか？

　改めて会計的に、「人件費と場所代」に絞って考えてみましょう。

hint ランチ営業する場合としない場合を比べて考えてみましょう。人件費と場所代はランチ営業をする・しないによって変化するでしょうか？

A.13
ランチ営業しなくても料理人の人件費と場所代は掛かる。よってランチのコストに入れなくてよい

「ランチ営業をするか・しないか」の採算判断は、ランチで増える「ランチ売上」と、新たに掛かる「ランチコスト」を比べて判断すればいいわけです。

つまり「ランチ営業で得られる売上」と「ランチ営業によって追加で掛かるコスト」を比較計算するわけです。

ここでのポイントはコストから、場所代が除かれることです。なぜなら場所代は、ランチ営業してもしなくても、もともと掛かっているからです。

また料理人の人件費も同じく除かれます。一般に高級店の料理人の場合、朝の仕入から昼の仕込み、そして夜の調理と働いています。ランチ営業をする・しないにかかわらず、1日中ずっと働いています。ランチ営業を行ったからといって、料理人が忙しくなるだけで、労働時間が延びるわけではありません。つまりランチ営業をする・しないで料理人の給料は変わらないわけです。

かくしてレストランの2大コスト、場所代と料理人の人件費が計算から除外されると、ランチ営業の追加コストは原材料費とウエイター・ウエイトレスの人件費くらい。お店にとってランチ営業を新たに始める追加コストは意外に低いのです。だから高級ディナーのお店でも、ランチは安く提供できるのですね。

Q.14

マクドナルドは100円バーガー以降の値下げで儲かったのか？

　バブル崩壊後、マクドナルドは210円だったハンバーガーの定価を100円に値下げする「100円バーガー」キャンペーンを全国的に展開、過去最高の売上を記録しました。

　ハンバーガーショップだけに「味をしめた」マクドナルドは、1995年、ハンバーガーの定価を210円から130円に引き下げ、さらに1998年には65円（半額バーガー）、そして2002年には59円まで引き下げました。

　さてここでクイズです。「100円バーガー」以降の値下げによってマクドナルドの業績はどうなったでしょうか？

hint 値下げは、たくさん売るために行われます。たしかに100円バーガーは爆発的に売れました。問題はその後、100円バーガー後の価格に、消費者は「安さ」を感じてくれたでしょうか？

51

A.14
100円バーガー以降の値下げによって業績が悪化し、トップが退陣した

　1990年代初めのバブル崩壊後、この国にデフレがやってきました。このデフレ時代の勝ち組とされたのがマクドナルド社です。100円バーガーをはじめとする値下げが功を奏し、90年代の業績は好調。2001年にはジャスダックに株式上場を果たしました。

　しかし、この上場直後から業績が悪化し、2002年には赤字決算に転落しました。100円バーガー（94年）や65円半額バーガー（98年）といった低価格が「アンカリング」された消費者は、もはやそのあとの低価格には反応しなくなります。何度となく価格を変更したことでブランドへの信頼も失ない、ハンバーガーは「安売りされるジャンクフード」という悪いイメージをもたれてしまいました。

　1990年代から既存店売上高のマイナスが続き、2003年には創業者の藤田田氏が経営責任をとって退陣しました。こうしてみるとマクドナルドは、バブル崩壊後、プライシングの成功と失敗、その両方を経験したようです。

III

いまこそ学びたい
管理会計・
プライシング編

プライシングとは価格・サービスの値段をいくらにするかを決める価格設定のことです。

すべての商品・サービスにおいて売上は単価（P）と数量（Q）の掛け算によって計算されますが、ここで単価Pを決めるのがプライシング。

プライシングには大きく高価格と低価格の方向性があります。なかなか高価格（値上げ）は難しいことから、最近は行動経済学まで駆使して消費者心理に踏み込み、「バレないように値上げ」している事例などをⅠ章で見てきました。本章のクイズでは、反対に低価格（値下げ）を中心にプライシングを見ていきます。

わが国にはいまだ「コストの価格転嫁＝値上げは難しい」という空気があって、あちこちで「値下げ」が行われています。

ここは管理会計的な立場から警告を発しておきましょう。値下げをすること自体は簡単ですが、「値下げで利益を増やす」ことはとても難しいです。

値下げで増益を達成するためには次の2つの条件をクリアしなければなりません。それは、
①変動費が少ない固定費中心のコスト体質である
②値下げによって販売数量（Q）が大幅に増加する
という2つの条件です。このうち①の「固定費中心のコスト体質」を満たすビジネスは意外に多く、クリアできるかもしれません。ただ、②の「値下げで販売数量（Q）を大幅に増やす」のがとても難しく、各社

```
売上 ＝ P（単価） × Q（数量）
    値下げ ⇩              ⇧
    値上げ ⇧              ⇩
```

値下げ戦略の成功条件
①変動費が少ない固定費中心のコスト体質
②値下げによって販売数量（Q）が大幅に増加

はどうやって値下げをすればいいか知恵を絞っているのです。

　ところでプライシングというテーマ、管理会計の本家アメリカでは最近ホットに議論されています。
　ビジネススクールでも注目の講義であり、関連書籍も多数出ています。これに比べてわが国ではいまいち盛り上がりません。
　これはおそらく情報通信・サービスや金融業へ早めに産業シフトしたアメリカと、いまだ製造業が強い日本のちがいだと思われます。製造業では、原価を計算しそれに利益を乗せる「コスト＋利益＝売価」思考でプライシングを行うのが基本です。

しかし原価が不明確で、しかも長期的にサービスを提供する情報通信・サービス界では「コスト＋利益」思考が採用できません。だからこそ携帯電話各社は、あらゆる料金プラン・割引サービスを、これでもかと提供するわけです。
　モノを作って売っておしまいの製造業とちがい、情報通信やサービス業では会計に加えてマーケティング・行動経済学まで総動員したプライシングが研究され、「どんな価格設定で長期的に儲けるか」が日夜研究されているのです。
　この他、世の中にはいろいろなプライシング事例が登場しています。
　そんなプライシングにかかわるクイズ、いってみましょう！

Q.15

ピザを値下げするなら、どれだけ販売量を増やすべきか?

あなたは小さなピザ・ショップを経営している店長です。

お客さんにピザ1枚を300円で売っています。

チーズや生地・トッピングに必要な原材料費等は1枚当たり120円です。

最近、弁当屋などとの競争が激しくピザの売上が低迷気味。そこで販売不振へのテコ入れとして、ピザを30%値下げして210円で売ることを計画中。

ここで問題です。値下げするとして、どれだけ販売数量が増えれば以前と同じ儲けになるでしょうか？

hint 値下げ前の価格が300円から1枚当たりの原材料120円を引いてみましょう。1枚売れるたびに180円儲かっていたことがわかります。値下げで1枚当たりの儲けはいくらに下がるでしょうか？

A.15

2倍売らないと
以前と同じだけの儲けがでない

　これまで1枚売って180（＝300－120）円儲かっていたピザ。

　これを値下げして210円で売ると、1枚の儲けは90（＝210－120）円に減ります。

　1枚当たりの儲けが180円から90円に減少。だから値下げするなら2倍売らないと同じ儲けが出ません。

　同じように1枚当たりの儲けが3分の1になるなら3倍、4分の1になるなら4倍売らねばならないのが値下げなのです。これはかなり厳しい数字ですね。それだけ値下げで儲けるのは難しいということです。

　ここはプライシングでとても大事な内容なので再度確認しておきます。

　値下げをして、以前と同じ「売上」を確保するのは簡単です。ただ値下げをして、以前と同じ「儲け＝利益」を確保することが、とても難しいのです。

　なぜなら値下げで1個当たりの儲けが減るため、それをカバーするために「たくさんの販売数量増加」が必要になるからです。

Q.16

関協タクシーの「5000円超分半額」値下げが失敗した理由

　日本一タクシーの価格競争が激しい大阪では、さまざまな値下げが展開されています。

　バブル崩壊後の大阪にはワンコインタクシーと呼ばれる、「初乗り500円」タクシーが登場しました。

　ワンコインタクシーに奪われた客を取り戻そうと、大阪府の大手タクシーグループ、関西ハイタク事業協同組合（カンキョー）は1995年に「5000円超分5割引」料金を導入しました。これによってカンキョー・タクシーは一気に乗客を増やすことに成功しました。

　しかし、その成功は長くは続きませんでした。それはなぜでしょう？

hint 値下げは「自らの販売価格を引き下げること」によってライバルとの価格差を付けて、たくさん売ろうとする作戦です。

A.16 ライバルのほとんどが「5000円超分半額」に追随してきたから

　値下げの成功条件、その2は「値下げによって販売数量が大幅に増加すること」でした。

　カンキョー・タクシーはこの難しい「販売数量増加」を、画期的な「5000円超分5割引き」、通称「55(ゴーゴー)割」によって成し遂げました。ゴロもいいゴーゴー割は、長距離の乗車客に大うけ。

　カンキョー・タクシー名指しで乗る乗客が増えたことにより、一気に長距離客の利用(＝販売数量)が増加、加盟各社は増益を達成したようです。めでたしめでたし。

　しかし残念ながら話はそこで終わりませんでした。世の中はそれほど甘くありません。カンキョーの成功を見たライバルの各社が、まったく同じ割引で追随してきたのです。これによってカンキョー・タクシーの価格優位は消滅。

　ライバルと同じサービスを提供している場合、ライバルが値下げで追随してきた瞬間に販売数量は増えなくなります。

　かくして現在、大阪のタクシーはほとんどが「5000円超分5割引」となり、業界全体で「おいしい儲け」を半分放棄している状態です。私の想像ですが、タクシー会社・運転手さんたちの願いは1つ。

　「もう、みんなでこんなことやめようよ！」

Column

値下げ戦略の成功条件と困難さ

　プライシングのキモ、「値下げ戦略成功２条件」について改めて触れます。

　まだまだデフレ経済の余韻が残るわが国では、「安くしろ！」といった世間の圧力に満ちあふれています。会社でも厳しい売上ノルマを背負った営業マンたちは、目先の売上を獲得すべく「値下げ」に走りがち。

　繰り返しになりますが、値下げ自体はとても簡単だし、値下げすれば目先の売上はすぐにアップします。

　……ここまでは簡単なのですが、その次がとても難しいのです。それは「大幅な販売数量の増加」を達成できるかどうか。たいていの値下げはこの壁が越えられず、失敗に終わります。

　なぜなら「値下げによる販売数量増加を阻む壁」が３つもあるからです。

①自らのキャパシティ（収容力・処理能力）の限界
②ライバルの値下げ追随
③お客さんの消費動向

　この３つの壁をすべてクリアしないと、値下げしても販売数量は増えません。だから値下げ戦略は失敗に

終わるのです。ひとつずつ見ていきましょう。

　まず第1関門は「①自らのキャパシティ」。これは自らに「数をこなす」だけの能力があるか否かという内なる問題です。たとえば部屋数に限りがあるホテルや、席数に限りがある飛行機などはこの段階でアウト。値下げに反応してたくさんのお客さんが来てくれても満室・満員でお断りするしかありません。また、「身体ひとつで仕事する」自営業などもアウトです。誰しも1日24時間しか働けないという時間の制限がある以上、それを超えては仕事がこなせません。クイズでいえばQ15のピザ屋さんは「ピザを焼けないほど」の注文が来たらそれ以上は売上を増やせません。

　第2関門は「②ライバルの値下げ追随」です。これはQ16の大阪・関協タクシーで見た通り。ライバルと同じ商品・サービスを提供している場合、値下げで成功したらまちがいなく真似されるので注意が必要です。

　最後の第3関門は「③お客さんの消費動向」、つまり値下げしてお客さんはたくさん買ってくれるのか、ということです。現在のモノ・情報あまりの世の中、ただ安くしただけではお客さんは振り向いてくれません。単なる値下げから、さらにもう一歩踏み込んだ作戦が必要になります。

　続けてそんな「一歩進んだ値下げ作戦」のクイズにいきましょう。

Q.17

新車の値下げと下取り価格アップ、効果的な値引きはどちら?

あなたはいま乗っている車を下取りに出し、新しい自動車の購入を検討中。

目星をつけた新車がA店とB店で売られています。

車を買うときの値下げには2種類あります。それが「新車の値下げ」と「中古車の下取り価格アップ」。

A店は「新車の値下げ額」を大きめに設定しており、B店は「中古車の下取り価格」を大きめに設定していますが、結果としての購入価額は変わりません。

さてあなたはA店、B店、どちらのお店で買いたいですか?

	A店	B店
新車定価	300万円	300万円
新車値下	60万円	30万円
値下後価格	(240万円)	(270万円)
中古車下取価格	50万円	80万円
値下&下取後価格	190万円	190万円

hint 新車の価格そのものを下げても、下取り価格をアップさせても、値下げには変わりがありません。顧客心理まで考えると消費者にとっては違いがあるかもしれません。

A.17 B店のほうが気分良く買える

　「新車の値下げ」も「下取り価格のアップ」も値下げ額はまったく同じです。会計処理も変わりません。しかし、顧客の心理的な面からは大きな違いがあります。このクイズ、車を持たない方にはピンとこないかもしれません。でも実際に車を下取りに出された方ならわかると思います。

　このクイズは私自身の悲しい思い出がもとになっています。新車購入のため、某ディーラーで車を下取りに出したとき、そのやりとりの事務的なことといったら……。

　私たちは下取りに出す車に愛着を感じています。自分や家族と共に時間を過ごした自動車に「ありがとう」という気持ち、高い価値を感じているわけです。このように自分の持ち物に高い価値を感じてしまう心理を行動経済学では「保有効果」といいます。

　このような顧客心理を考えれば、同じ値下げでも、「新車の値下げ」より「下取り価格のアップ」のほうが効果的であることは明らかです。

　車に愛着を感じている人は、「高い下取り価格」を心理的に喜ぶはずです。加えて「大事に乗られていたようですね」とか「家族の思い出が詰まったクルマですね」とひと言でも添えられればもうイチコロ（？）。

　保有効果を上手に利用したＢ店のほうが気持ち良く買えてしまうわけです。

Q.18

「良いモノづくり」から一歩進んだマーケティング戦略とは?

　キヤノンはニコンと並ぶ高品質カメラで世界でも有名な会社です。

　その技術力を生かして作る高品質な製品がゆえに「なかなか買い換えてもらえない」状況がありました。

　高技術・高品質なモノづくりができる会社には、高技術・高品質がゆえの悩みがあるものです。

　キヤノンのみならず日本のメーカーでは「良いものをつくれば売れる」という思考を脱し、マーケティング重視の戦略を組み立てています。

　さて、そこでキヤノン。

　近年のキヤノンは「良いモノづくり」から一歩進んだマーケティング戦略を展開中。

　オフィス用コピー機、個人用プリンター、デジタル一眼レフカメラ、それらに共通するマーケティング戦略とはどんなものでしょうか？

hint 「良いモノをつくれば売れる」時代は去りました。それとともに「ひとつのモノを売って儲ける」時代も終わりました。では、どんな売り方が「いま風」なのでしょうか？

A.18 目立つ主製品を安くして、付属品やメンテナンスで稼ぐ「おとり」作戦

　私は事務所のコピー機を選ぶに当たり、意外に安いので現金で購入しました。しかしトナーがすぐになくなる。メンテナンスで金が掛かる。そんな「後から掛かるコスト」が結構大きいのです。

　そして「意外に安いな」とプリンターを購入したところ年賀状を印刷すると、すぐインクが切れる。紙代もかなりの金額。「後から掛かるコスト」がやっぱり大きいのです。

　このように目立つところを安くしておいて、付属品やメンテナンスといった「その他諸々」で稼ぐ作戦を「キャプティブ戦略」といいます。ここでキャプティブとは捕虜、おとりの意味です。安く見えたコピー機本体、プリンター本体は一種の「おとり」だったのですね。

　デジタル一眼レフカメラでも、本体は比較的安いですが、交換レンズなどはかなり高め。ここでもキャプティブ戦略が取られているようです。

　いまや商品を値下げして、販売数量を増やすなどなかなか難しい世の中。そこでキヤノンは一歩進んだ「おとり戦略」を用いているようです。プライシングを単品で考えるのではなく、複数の商品をセットにして考える。1回限りの販売で考えるのではなく、長期的な付き合いで取引を考える。そんなマーケティング思考の時代なんですね。

Q.19

うどん定期券は、どのように儲けをもたらすか?

　Ⅰ章でも登場した「はなまるうどん」は、かつて「うどん定期券」を発売しました。ちなみに大人気と聞いて、私も朝並んで購入しました。

　これを500円で購入すれば、2カ月間「かけうどん(小)」が無料、またすべてのメニューが105円引きになりました。

　さて、この「うどん定期券」、どんなふうにお店に儲けをもたらすでしょうか?

hint 単に割引クーポンを手にする場合と、定期券に500円を前払いする場合で、顧客の心理にはどんな違いが生じるでしょうか?

A.19
「もったいない」心理を刺激して来店回数を増加させる+トッピングによる利益獲得

「うどん定期券」最大の特徴は、なんといっても「前払い」であることです。

500円とはいえ、前払いした人間には「もったいない」心理が働きます。もったいないと思った人は当然これを使おうとしますから、来店回数が増えるわけです。

また、定期券を購入して実際に店舗に来た人が、「かけうどん（小）」だけを注文し、それだけを食べて帰ることはほとんどありません。なぜなら量が足りないからです。

結局、天ぷらなどのトッピングも注文することになります。無料で提供される「かけうどん（小）」は、利益率の高い天ぷらを注文させる「おとり」になっているわけです。

このクイズで取り上げた「うどん定期券」500円はまだかわいいですが、最近、アメリカから日本進出中の大型スーパーマーケット「コストコ」は年会費を数千円払わないと買い物ができない前払いシステム。

もともと「もったいない」心理が働いているところに、ビックリするほどの大きい商品の「お得感」で思わずよけいなモノまで買ってしまいます。

このように世の中の「値下げ＋マーケティング＋心理学」はどんどん進んでいるのです。ビジネスの視点から勉強する一方、消費者の立場からは踊らされないよう、気を付けないといけませんね。

IV

損益計算書から儲けの構造を読む

◆1…決算書の基本は「点と線」

本章から社会人の常識、決算書クイズの始まりです。

まずはじめに「決算書の大まかな構造」だけ理解し、あとはクイズを解きながら決算書の読み方をマスターしましょう。最初はあまり面白くないと思うかもしれませんが、ちょっとだけ我慢、我慢。

「決算書」と聞いただけで尻込みする人がいるかもしれませんが、どうかビビらないでください。

まず、次の「点と線」の図がそのイメージです。

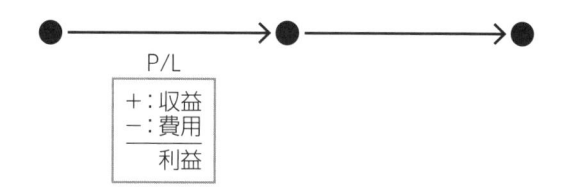

```
 ●────────→●────────→●
      P/L
   ┌─────────┐
   │ ＋：収益 │
   │ －：費用 │
   │─────────│
   │   利益   │
   └─────────┘
```

●（点）は「ある時点の大きさ」を、→（線）は「期間のプラス・マイナス」を表します。

会社の決算書でいえば、●（点：決算日）を表すのが貸借対照表（B/S；Balance Sheet）、そして→（線）を表すのが損益計算書（P/L；Profit and Loss Statement）です。

この章では、→（線）の損益計算書（P/L）について、その読み方を学びます。

P/Lは１年間の儲けを計算するものであり、そのキモは「収益－費用＝利益」です。

◆2…損益計算書(P/L)の読み方について

　ビジネスはお客さんに対して「売上」をあげることから始まります。またP/Lも「売上高」から始まります。
　この売上をさまざまな角度から分析することによって、会社の現状把握ができ、将来への道筋を考えることができます。すでに解説したように、管理会計では売上を「単価（P）×数量（Q）」に分けて将来の価格戦略を考えます。
　また財務会計では、売上高の現状を事業別・地域別に分析することで会社の現状を知ることができます。大企業では近年、社名と事業内容が一致しない例が珍しくありません。富士フイルムは、事業転換に成功してもはやフィルムメーカーではありません。事業別の売上をみれば、現在の売上内訳がわかります。
　また、最近の大企業は口を揃えてグローバル化を叫んでいます。国内需要が頭打ちするなか、海外に新天地を求めることは自然のなりゆきです。地域別の売上高を見れば、地域別の販売状況がわかります。

　P/Lでは売上高から始まって、さまざまなコストが差し引かれ、各種利益が計算されます。
　「売上総利益・営業利益・経常利益・当期純利益」といった各種の利益を分析することで会社のコスト・利益構造を知ることができます。

◆3…P/Lは「収益－費用＝利益」を計算する

　P/Lの本質は1年の儲けを計算する「収益－費用＝利益」とたった3行なのですが、実際のP/Lには詳しい「内訳明細」が付けられます。下図の「内訳明細付き利益の計算書」が、皆さんご存じのP/Lです。

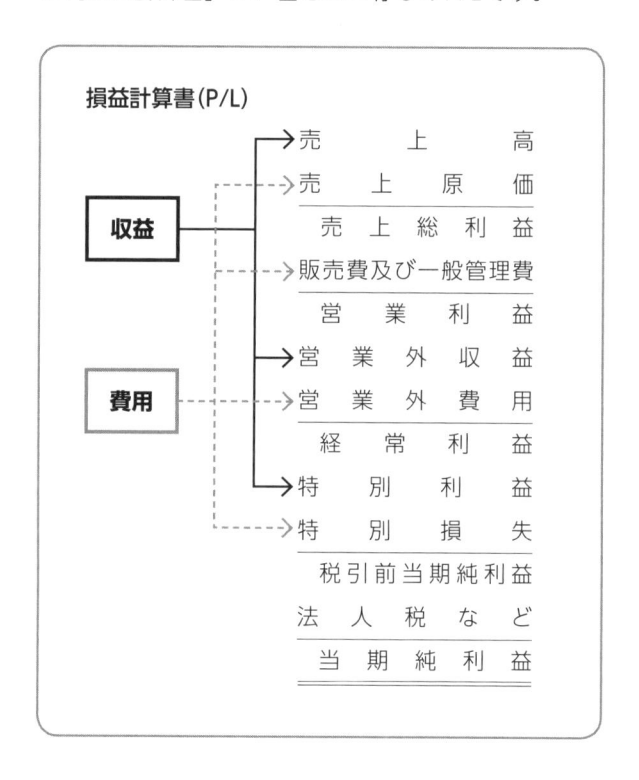

損益計算書(P/L)

収益
- → 売　　　　上　　　　高
- → 売　　上　　原　　価
- 売　上　総　利　益
- → 販売費及び一般管理費
- 営　　業　　利　　益

費用
- → 営　業　外　収　益
- → 営　業　外　費　用
- 経　　常　　利　　益
- → 特　　別　　利　　益
- → 特　　別　　損　　失
- 税引前当期純利益
- 法　人　税　な　ど
- 当　期　純　利　益

P/Lはいくつかの段階に分かれています。

ステップ1　売上総利益まで

「売上高」から、売上に直接関連するコストである「売上原価」を差し引いて「売上総利益」を計算します。売上総利益は俗に粗利（あらり）とも呼ばれ、販売マージンを表します。

ステップ2　営業利益まで

次に売上総利益から、事業に必要な人件費や家賃・光熱費などの「販売費及び一般管理費（＝販管費)」を差し引いて、本業の儲けである「営業利益」を計算します。

ステップ3　経常利益まで

営業利益に、利息や受取配当金など、本業以外の「財テク」での儲けである「営業外収益・営業外費用」を加減算して経常的な活動の成果である経常利益を計算します。

ステップ4　当期純利益(最終利益)まで

経常利益に、「特別利益・特別損失」を加算・減算して税引前当期純利益を計算し、法人税などを差し引いて最終的に「当期純利益」を計算します。

◆4…売上総利益率(粗利率)と営業利益率を読む

　P/Lでもっとも重要なのが「1番上から5行」。この部分に会社の「儲ける力」が表現されています。
　まず、売上高から売上原価を引いて計算されるのが売上総利益(粗利)。これはいわゆる販売マージンです。この売上総利益が売上に対して何%かを示すのが売上総利益率（粗利率）。
　次に売上総利益から販管費を差し引いて営業利益が計算されます。この営業利益は「本業の儲け」を表します。営業利益が売上に対して何%かを示すのが営業利益率。
　この売上総利益率と営業利益率を見ることで、会社の「儲ける力」を分析することができます。

売上高	1000		
売上原価	600	売上総利益率：(粗利率)	$\dfrac{400}{1000} = 40\%$
売上総利益	400		
販管費	300		
営業利益	100	営業利益率：	$\dfrac{100}{1000} = 10\%$

Q.20

近鉄、JR東海、JR東日本のなかで、もっとも運輸業の割合が低い会社は？

　最近、大きなターミナル駅で時間をつぶすのがとても楽になりました。なぜなら駅の近辺や駅ナカのショップがとても充実しているからです。電鉄会社のホンキを感じます。

　電鉄各社は、流通業や不動産業へと積極的な展開を始めています。

　その大きな理由が「運輸業」の頭打ち。これから人口減少によって電車・バスなどの運輸業は売上が減るのは明らか。だからこそ電鉄各社は本業の運輸以外に積極展開しているのですね。

　そんなことを踏まえた問題です。

　近鉄、JR東海、JR東日本。この電鉄3社のなかで、もっとも「売上高に占める運輸業の割合が低い」会社はどこでしょう？

> **hint** これは読者が住んでいる場所によってかなりハンデがあるクイズかもしれません。駅ビル近辺の状況や、グループ会社の展開などを想像しながら考えてみましょう。

A.20

運輸業の割合が もっとも低いのは近鉄で23%

　運輸業の比率は、近鉄23%、JR東海78%、JR東日本67%で、一番低いのは「近鉄」です（2013年3月期）。

　近鉄は、全体に占める運輸業の売上が23%しかありません。百貨店をはじめとした流通業、ホテルや志摩スペイン村などレジャー産業、不動産などなど幅広く展開しています。

　一方、東海道新幹線を抱えるJR東海は3社の中では運輸業の売上が一番大きいようです。

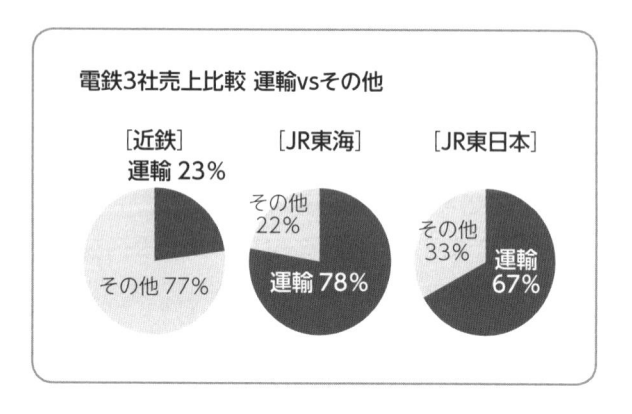

電鉄3社売上比較 運輸vsその他

[近鉄]
運輸 23%
その他 77%

[JR東海]
その他 22%
運輸 78%

[JR東日本]
その他 33%
運輸 67%

Q.21

ソフトバンク、JT、三菱商事のなかで、もっとも海外売上比率の高い会社は?

　ハワイで長い行列ができているレストランがあり、はて何だろうと見てビックリ！　讃岐うどんチェーンの「丸亀製麺」でした。

　讃岐うどんは現地の人にも人気のようです。きっとこれから、讃岐うどんの海外進出が増える予感。

　それはともかく、今後の需要減少が避けられない日本を飛び出して、海外に販売活路を求める会社が増えています。多くの会社の中期経営計画で「海外売上高の増加」が掲げられているのを目にします。

　そんな海外進出をめぐる問題です。

　ソフトバンク、JT（日本たばこ）、三菱商事。

　この3社のなかでもっとも「海外売上比率の高い」会社はどこでしょう？

> **hint**　海外との取引にもさまざまなパターンがあります。輸入、輸出、現地生産……。ここで訊かれているのは「海外への売上」であることに注意しましょう。

A.21
もっとも海外売上比率の高い会社はJTで49%。

　ソフトバンク10%未満、JT49%、三菱商事20%で、もっとも海外売上比率の高い会社はJTです。

　JTは海外のたばこ会社を買収して、ウィンストンやキャメルなど有名な海外ブランドを有しています。この「海外たばこ売上」が、国内の「たばこ・医薬・飲料・加工食品」に匹敵する規模になっているのです。JTは国内のたばこ売上が減少する中、海外のたばこ販売に活路を求めていたのですね。

　ソフトバンクは国内売上が圧倒的に大きく、海外売上は10%未満。グローバル企業のイメージが強い三菱商事は「売上」に限れば国内向けが80%です。

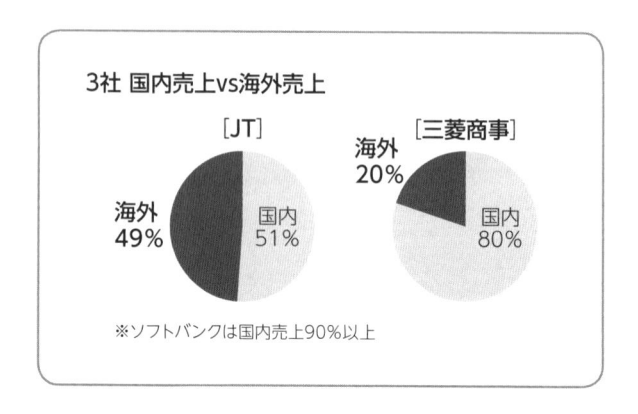

3社 国内売上vs海外売上

[JT]
海外 49%
国内 51%

[三菱商事]
海外 20%
国内 80%

※ソフトバンクは国内売上90%以上

Q.22

ニトリより大きい資生堂の粗利率は何%?

「お、ねだん以上」で有名な家具販売のニトリ。

ニトリに対して「価格が安い」という印象を持っている人が多いと思います。

昔から安売りの商売について「薄利多売」という言葉を使いますが、ニトリのことを薄利多売と思われている方がいるかもしれません。だとしたら、それは大きな誤解です。

ニトリはとんでもなく高利益率の会社。なんと粗利率が55%、売上の半分以上が儲けなんです!

これで驚いてはいけません。もっと粗利が高いのが資生堂。ここで問題です。資生堂の粗利率はズバリ「何%」でしょうか?

hint 粗利は損益計算書の売上総利益のこと。資生堂の化粧品を使っている女性が驚いてしまうような利益率の高さです。

$$粗利率:\frac{売上総利益(粗利)}{売上高}(\%)$$

A.22

資生堂の粗利率は75%

　資生堂の粗利率は驚異の75％！　これは連結損益計算書上の数字であり、化粧品・トイレタリー・食品などさまざまな事業をトータルした数字です。おそらく化粧品単独だと、もっと粗利率は高いと推測されます。

　資生堂の化粧品をお使いの女性の皆さま、驚いてシワを増やさないようにしてください。

	ニトリ	資生堂
売上高	348,789	677,727
売上原価	156,172	166,783
売上総利益 ＝粗利	192,616 (55%)	510,944 (75%)

単位：百万円、％は対売上高
ニトリは2013年2月期、資生堂は2013年3月期連結決算より

Q.23

営業利益率が大きいのは、ニトリと資生堂のどちら?

ニトリと資生堂の比較を続けましょう。

先ほどのクイズで、ニトリより資生堂の粗利率のほうが大きいことがわかりました。

この粗利=売上総利益から販売費及び一般管理費（販管費）が差し引かれて営業利益が計算されます。

ここで問題です。

両社のうち、営業利益率（営業利益÷売上高）が高いのはどちらでしょうか？

hint 正解のポイントは両社がどれだけ「販売費及び一般管理費」を使っているかですね。販管費は本社で掛かる管理コスト全般・広告宣伝費などでした。

$$営業利益率：\frac{営業利益}{売上高} (\%)$$

A.23

営業利益率が高いのは「ニトリ」

　資生堂の高い粗利率は、高額の販管費によって支えられている面があります。ブランドを維持するためにはそれなりにテレビCMや広告を出さねばならず、また本社も一等地に構える必要があるのです。結局、資生堂は売上原価の約3倍の販管費を使っており、営業利益率は3.8％。これに対してニトリの営業利益率17.6％はすごいですね。ニトリは海外生産はじめ、物流、店舗運営などあらゆる工夫で高利益体質をつくり出しています。

	ニトリ	資生堂
売上総利益	192,616 (55%)	510,944 (75%)
販管費	131,066	484,898
営業利益	62,550 (17.6%)	26,045 (3.8%)

単位：百万円、％は対売上高
ニトリは2013年2月期、資生堂は2013年3月期連結決算より

Q.24

ヤマダ電機が2013年上半期にいきなり営業赤字に転落した理由は?

2013年の夏はかなりの猛暑。エアコンを買いたい大勢の人が家電量販店ヤマダ電機を訪れました。

しかしなぜかこの2013年9月上半期決算、ヤマダ電機は「営業赤字」を計上したのです。

同社の上期営業赤字は初めてのことです。どうしてヤマダ電機は営業赤字に転落したのでしょうか?

前年の数字と比べながら、その理由について考えてみましょう。

	2012年4-9月期	2013年4-9月期
売上高	806,036	897,575
売上原価	602,503	695,875
売上総利益	203,532 (25.3%)	201,699 (22.5 %)
販管費	182,151	204,065
営業利益	21,381 (2.7%)	▲2,365 (▲0.3%)

単位:百万円、%は対売上高 数字は4〜9月の6カ月分

hint ポイントは「売上が増えているのに粗利(売上総利益)が減っている事実。この理由を解明するため管理会計を思い出しましょう。売上高を単価と数量に分解して考えてみると??

A.24

ネット通販との競争激化で値引きが増えた

　最近、スマホを手にして家電量販店を訪れる人が増えているそうです。

　たとえば「価格ドットコム」などの通販サイトで最低価格を確認しつつ、店員にそれを見せて「この値段まで下げてよ」と頼むのだそうで。これを「ショールーミング」というそうです。ヤマダ電機をはじめ家電量販店からすると、とんでもない人たちが出てきたものですね。

　ヤマダ電機の数字を見ると、どうやらこのショールーミングたちの言うことを聞いて、値下げをしてしまったようです。だから売上高は増えているのに粗利が減っているのですね。それに加えて販管費が増えてしまったから営業赤字に転落というわけです。

　ヤマダ電機はじめ家電量販店にとって、この値下げ要求ゲリラに対してどうやって対応するのか、新たな難問が登場しているよう。

Q.25

この5年でもっとも受験料収入が増えた人気大学はどこか?

減り始めた日本の人口。いよいよ進む少子化。

全国的に幼稚園や各種学校、自動車学校などの生徒が減って「学校の経営難」が深刻化しています。

もちろん大学も無関係ではありません。

そんな少子化に加えて、ここ数年の不況。お父さんの財布を気にした受験生たちは受験する学校を絞り始めたようです。全国的に大学受験の受験者数が減り始めています。

さて、そこで問題です。

次のなかで、2007年度から2012年度にかけて「大学受験の受験料収入」が増収になった大学が1校だけあります。それはどの大学でしょうか?

- 大東文化大学
- 東洋大学
- 明治大学
- 早稲田大学

hint 大学もイメージが重要です。やっぱりある程度、名前が知られた大学に入りたいですよね。

A.25

受験料収入が増えたのは「東洋大学」

　これはいわずもがな、箱根駅伝効果が大きいと思われます。

　スポーツ好きの人は気が付いたと思いますが、2007年から2012年といえば東洋大学の「山の神」、5区柏原選手が大活躍した時期に重なります。

　有名大学の明治・早稲田が受験者を減らし、箱根駅伝に出場しなくなった大東文化が受験者を大幅に減らすなか、柏原効果で東洋大学の受験者だけが増えています。おそるべし、柏原。

　これは会社でいえば、どうやってセールス・プロモーションを行うか、会計的には「販管費をどこに使うか」という問題です。効果的な販管費の使いどころについて多くの経営者が頭を悩ませています。

　狙ったのかどうか、東洋大学は箱根駅伝に強い大学になることで、大きな広告宣伝効果を得たようです。

V

貸借対照表から
会社の規模と
財務体質を読む

◆ 1…**貸借対照表(B/S)のキモは「調達と運用」**

本章では●(点)の状況を表す貸借対照表(B/S)の読み方を学びます。

B/Sを読むにはちょっとしたコツが必要です。

それはB/S最大のポイントである「調達と運用」を頭に置き、お金の流れをイメージしながら理解することです!

矢印を手がかりに、右からお金が入ってきて左に投資され、左でグルグル回っているという流れを3つのステップで理解しましょう。

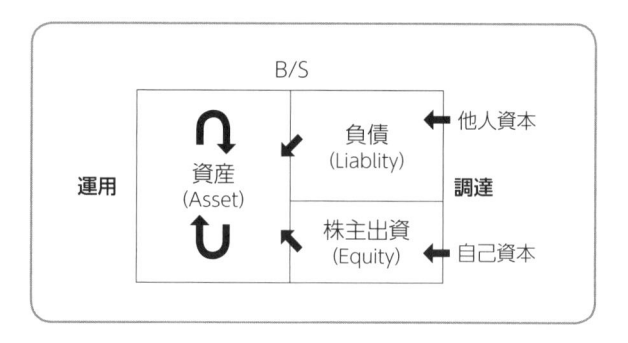

```
                    B/S
        ┌─────────────────────────┐
        │              負債        │ ← 他人資本
        │   資産      (Liablity)   │
 運用    │  (Asset)    ─────────   │ 調達
        │             株主出資     │
        │             (Equity)    │ ← 自己資本
        └─────────────────────────┘
```

ステップ1:資金を調達する(右側)

会社は負債(L)と資本(E)という2つの方法で外部から資金を調達します。負債とは、借入金のように返さねばならない借金など(=他人資本)、株主出資とは株主から受け入れた元手です(自己資本)。

↓

88　Ⅴ 貸借対照表から会社の規模と財務体質を読む

ステップ2：資産へ投資する

 右側で調達された資金は、左の資産（A）めがけて投資されます。さらに資産の部で「投資→回収→投資→回収」を繰り返しながら循環します。

ステップ3：決算日時点の資産を表示（左側）

 資産の循環がうまくいけば（＝商売成功）資産は増え、うまくいかなければ（＝商売失敗）、資産が減ります。

◆2…貸借対照表から会社の財務体質を読む

 経営が成功すると、調達した資金（L+E）より現時点の資産（A）が大きくなります。この場合、B/S右下に「利益剰余金」を置いて左右を一致させます。

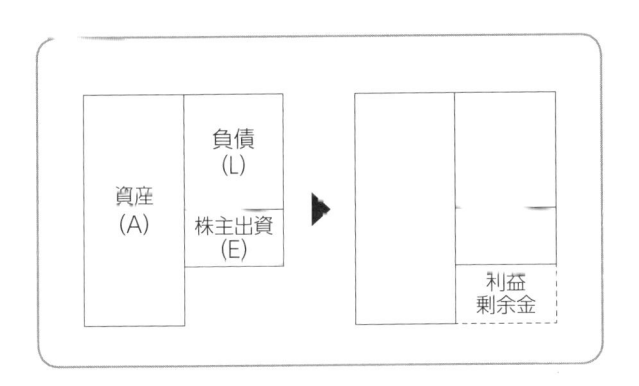

経営が成功して資産を増やせた会社では、B/Sの左下に「利益剰余金」が登場し、B/S右サイドには「①負債、②株主の出資、③利益剰余金」という3項目が並びます。

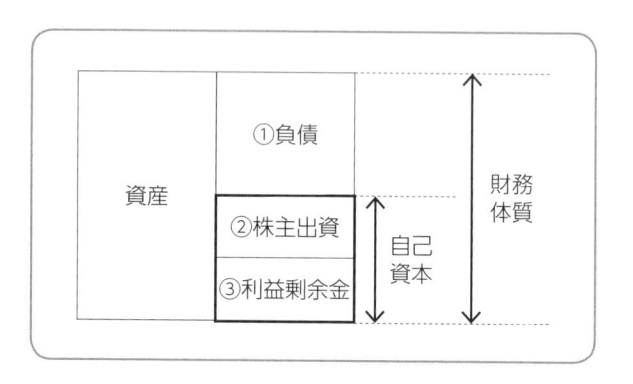

```
┌─────────────────────────────┐
│  ┌──────┬──────────┐  ↑    │
│  │      │  ①負債   │  │    │
│  │      │          │  │    │
│  │ 資産 ├──────────┤ ↑│ 財務│
│  │      │②株主出資│ ││ 体質│
│  │      ├──────────┤自│    │
│  │      │③利益剰余金│己│    │
│  │      │          │資│    │
│  │      │          │本│    │
│  └──────┴──────────┘ ↓↓   │
└─────────────────────────────┘
```

　この3つの割合のことを「財務体質」といいます。
　私たちの身体にも体重とは別に「体質」があります。体質とは、骨と筋肉そして脂肪がどうなっているかの割合です。これは体脂肪率というパーセンテージで表現されます。
　会社にも事業の規模（＝B/Sの大きさ）とは別に、財務的な「体質」があります。ここで会社の財務体質を表す有名な指標が「自己資本比率」です。
　自己資本比率は自己資本（＝②株主出資＋③利益剰余金）が全体に占める割合のことをいいます。

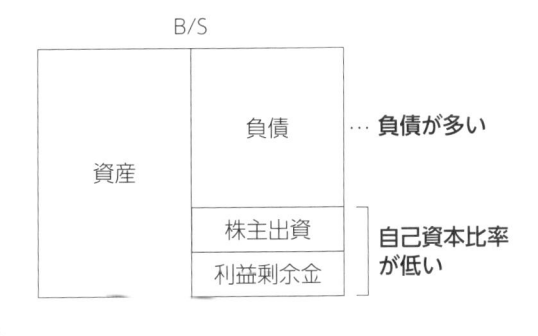

● **負債が少ない＝自己資本比率が高い**

B/S

資産	負債
	株主出資
	利益剰余金

… **負債が少ない**

自己資本比率が高い

● **負債が多い＝自己資本比率が低い**

B/S

資産	負債
	株主出資
	利益剰余金

… **負債が多い**

自己資本比率が低い

ここまで説明した貸借対照表（B/S）の見方についておさらいしましょう。

　ポイントは2点。まずB/Sの大きさが調達・運用の規模を表しています。大きいB/Sはそれだけ調達と運用の規模が大きい、つまり事業規模の大きい会社であるということです。

　次にB/Sの右側をみると財務体質がわかります。負債と自己資本比率を確認してみましょう。ではクイズにレッツ・ゴー！

貸借対照表(B/S)を読むポイント

①B/S全体の大きさから調達・運用の規模
　＝事業規模を読みとる

②B/Sの右側、調達サイドから借入の割合
　＝財務体質を読みとる

Q.26

日テレの貸借対照表を探せ!

次の4社の貸借対照表は、日本テレビ、テレビ東京、フジテレビ、NHKのものです。

さて、このなかで日本テレビはどれでしょう?

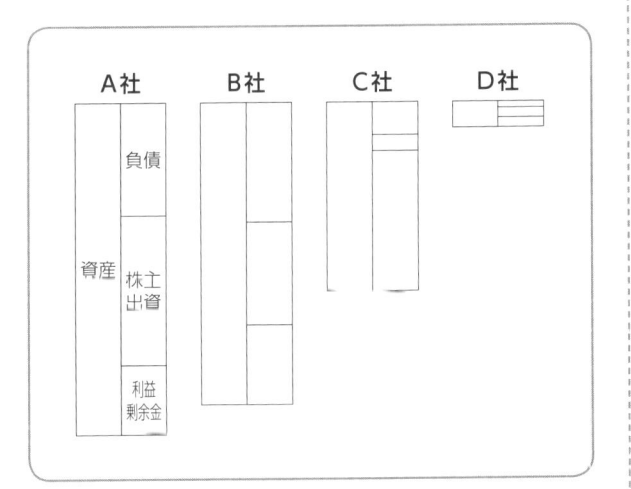

```
    A社        B社       C社      D社
         ┌──────┐  ┌──────┐  ┌──────┐  ┌──────┐
         │  負債 │  │      │  │      │  └──────┘
         │      │  │      │  │      │
         ├──────┤  │      │  │      │
         │      │  ├──────┤  ├──────┤
         │ 株主 │  │      │  │      │
    資産 │ 出資 │  │      │  │      │
         │      │  │      │  │      │
         │      │  ├──────┤  │      │
         ├──────┤  │      │  │      │
         │ 利益 │  │      │  │      │
         │剰余金│  │      │  │      │
         └──────┘  └──────┘  └──────┘
```

hint 解説にある通り、まずは貸借対照表の大きさに注目してみよう。そのあとで右の調達サイドを確認して自己資本比率を確認だ!
利益剰余金が大きい意味は何だろう?

A.26
日本テレビは「C社」
(A社:NHK、B社:フジテレビ、D社:テレビ東京)

　まずはじめに貸借対照表の大きさは、その会社の調達・運用の規模、つまり事業規模を表すのでした。

　この4社のなかで貸借対照表が一番大きいA社がNHK、小さいD社がテレビ東京です。公共放送のNHKは日本中の天災やできごとをいち早く伝えるため、全国的に放送局・中継局を設置しなければなりません。巨大な設備投資を必要とするため貸借対照表がどうしても大きくなってしまうのです。反対に経済番組などを中心に絞りに絞って、特徴ある番組づくりを行うテレビ東京は貸借対照表が小さいようです。

　消去法的にB社・C社のどちらかが日テレですが、B社とC社については事業規模では判断ができません。そこで財務体質を見ましょう。利益剰余金の大きいC社が日テレです。過去の儲けの蓄積がそれだけ大きいということですね。B社フジテレビは株主出資が大きいようですが、これはかつてライブドアの敵対的買収騒ぎのとき、増資を行ったことによるものです。

Q.27

日産自動車の貸借対照表を探せ!

次の3社の貸借対照表は、トヨタ、ホンダ、日産のものです。

さて、このなかで日産どれでしょう?

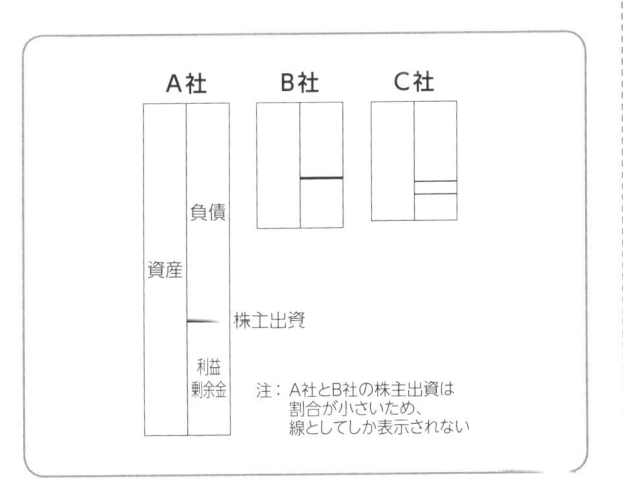

```
        A社        B社      C社

      ┌─────┐
      │     │
      │ 負債 │    ┌──┐    ┌──┐
      │     │    │  │    │  │
 資産 │     │    ├──┤    │  │
      │     │    │  │    ├──┤
      │     ├── 株主出資  │  │
      │ 利益 │              └──┘
      │剰余金│    注:A社とB社の株主出資は
      └─────┘        割合が小さいため、
                      線としてしか表示されない
```

hint 貸借対照表の「大きさ」だけでわかる会社がありそう。あとの2社については財務体質を見て考えてみてください。利益剰余金のちがいがヒントになりそうです。

A.27
日産は「C社」
(A社:トヨタ B社:ホンダ)

　貸借対照表が断トツに大きく、また利益剰余金が大きいA社がトヨタであることは多くの方が気付いたと思います。そのあと、B社・C社のうちどちらが日産かは少し判断が難しいところ。

　まずB社・C社は貸借対照表の大きさがほぼ同じなので、事業規模では判断できません。続けて財務体質を見てみましょう。

　自己資本比率も同程度ですが、「利益剰余金」の大きさが異なっており、B社のほうが大きいようです。この利益剰余金の割合が大きいB社がホンダ、小さいC社が日産です。

　ひと昔前、経営危機に陥った日産はフランス・ルノー社から出資を受け、カルロス・ゴーン氏の経営改革によって再建しました。一時は経営破綻さえ噂されたこともありましたが、いまは見事に立ち直っています。しかし、ホンダに比べればまだ利益剰余金が少ないということですね。

Q.28

生まれ変わった日本航空、再建への努力とは?

　下記の貸借対照表は日本航空の経営破綻前（2009年3月期）と、経営再建して再上場した年（2012年3月期）です。

　さて、ここでクイズです。日本航空が経営改革として行ったのは以下のどちらでしょう?

　貸借対照表の変化を参考に考えてみましょう。

・不要資産を整理して売却した
・退職金制度変更による退職金増加

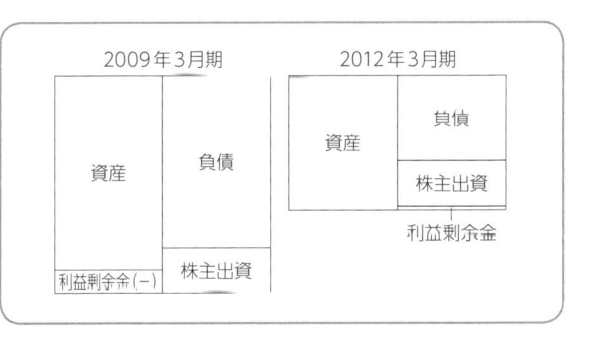

```
     2009年3月期              2012年3月期
  ┌─────┬─────┐          ┌────┬─────┐
  │     │     │          │    │ 負債 │
  │     │ 負債 │          │資産 ├─────┤
  │ 資産 │     │          │    │株主出資│
  │     ├─────┤          └────┴─────┘
  │     │株主出資│                利益剰余金
  ├─────┴─────┤
  │利益剰余金(-)│
  └───────────┘
```

hint 貸借対照表の資産と負債が両方とも小さくなっています。これを成し遂げるためにはどんな取引が必要でしょうか?

A.28
日本航空は「不要資産を整理して売却した」

　まず再建後の貸借対照表が小さくなっていることに注目しましょう。

　資産と負債の両方ともに小さくなっています。これを達成する行為が「不要資産の整理・売却」です。

　不要資産を売却して現金に替え、その現金で借金を返済すれば資産と負債が両方ともに減ります。

　日本航空は「退職金制度変更」を行いましたが、それによって「退職金を増加」させたのではなく、反対に「退職金を減少」させました。現役社員のみならずOBまで対象とした厳しい取り組みの甲斐あって負債を劇的に減少させることができたのです。

　経営破綻前には利益剰余金がマイナスだった日本航空、再建後には利益剰余金がわずかながら登場しています。これからも利益剰余金を増やすためには「資産を増やし、負債を減らす」ことが必要です。

　貸借対照表的にいえば、経営改革とは「資産を増やし、負債を減らす」シンプルな行為だと表現できます。

Q.29

電力会社と電鉄会社の自己資本比率が低い理由

　自己資本比率は「負債の大きさ」と裏腹の関係にあり、負債が大きい場合、自己資本比率は当然低くなります。

　この自己資本比率は業界によって数値に特徴があり、たとえば電力業界・電鉄業界の各社は「自己資本比率が低い」ことで知られています。

　そこで問題です。電力会社と電鉄会社はどうして自己資本比率が低いのでしょうか？

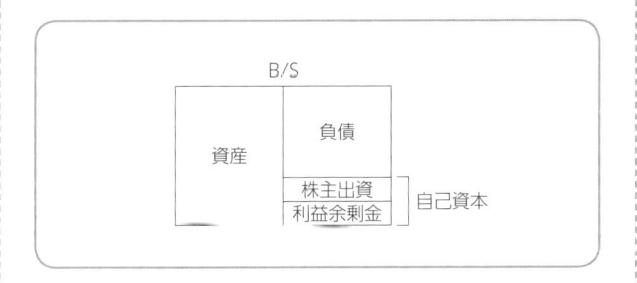

```
              B/S
         ┌─────────────┐
         │    負債      │
  資産   ├─────────────┤
         │  株主出資    │  自己資本
         │  利益余剰金  │
         └─────────────┘
```

hint 電力と電鉄はどちらも「大きな設備投資を必要とする」業界です。しかしいったん必要な設備投資さえ行ってしまえばこっちのもの。あとは……。

A.29
確実に売上が獲得できるため、多額の借金を抱えても問題がない

　電力会社と電鉄会社はどちらも巨額・巨大な設備投資を必要とします。

　しかし、ひと通りの設備投資を行って、ビジネスを開始すれば「確実に顧客の利用、それにともなう売上の獲得が見込める」特徴があります。

　なぜなら、これまでわが国の電力事業は地域独占のかたちで行われており、また電車についても沿線住民は「それに乗るしかない」状況です。

　つまりこれらの業界では、投資に対する回収のリスクが少なく、ほぼ確実に回収できる見込みが立つわけです。

　一般に「投資が確実に、しかも早く回収できる」業界では、巨額な借金を抱えても「確実に返済できる」メドが立つため借金がしやすいのです。このため自己資本比率が低くなる傾向があります。

　反対に「投資に対する回収が確実でなく、しかも遅い」業界では、借金が危険視されるため、自己資本比率が高くなる傾向があります。

Q.30

高度成長期の会社は、いまより自己資本比率が高かったか低かったか?

2020年オリンピック。ライバルのイスタンブールを破り、東京開催が決まって喜びに沸く日本。

さて、かつて1964年オリンピックの開催を決める際、東京と候補地を争った都市はデトロイトですが、それとは無関係な問題です。

日本が高度成長に沸いていた1960〜1970年代、日本企業の自己資本比率はいまよりも高かったでしょうか、それとも低かったでしょうか？ 当時の時代背景を考えながら、貸借対照表を想像してみましょう。

hint 借金（有利子負債）の多さと自己資本比率は裏腹の関係です。借金が多ければ自己資本比率は低いし、借金が少なければ自己資本比率は高い。高度成長の頃、会社の経営者たちは「借金」についてどんなふうに考えていたでしょう？

A.30
高度成長期、いまより自己資本比率は低かった（=有利子負債が大きかった）

　近年は、自己資本比率が高い会社（つまり借金の少ない会社）がもてはやされていますが、実は無借金経営が良いか悪いかについての正解はありません。

　「その時代にはどちらがふさわしいか」があるだけです。いまは無借金経営がブームですが、かつての高度成長期にはガンガン借金するのがブームでした。なぜなら景気が上向くなか、設備投資をして事業規模を拡大することが成功の秘訣だったからです。当時の経営者は目一杯借金して設備投資を行いました。そうすることでスケールメリットを手にしたのです。

　あのころは「大量の借金+設備投資」をしても大丈夫という「先高感」がありました。

　人間も会社も、将来について「先高感」を持っていれば借金は恐くありません。景気が良い時代に結婚した人は「35年ローン」を組んでマイホームを買うことに何の不安も抱きませんでした。しかし近年結婚する人たちは「持ち家 or 賃貸」の選択にとても敏感です。会社は積極的な借金や設備投資を行おうとしません。これは日本の将来について「先高感」が失われているからです。

　いまや日本全体、そして会社でも、先高感を取り戻すことが大きな課題です。

Q.31

「銀座で宝石店に強盗、1億円の損害」。この1億円の意味は?

「銀座の宝石店に強盗が入り、『1億円相当』の宝石が盗まれました」そんなニュースをよく聞きます。

ここで報じられている「盗難の損害1億円」には、2つの解釈が可能です。

ひとつは宝石店が「仕入れたとき払ったのが1億円」という解釈。

もうひとつが「売ったとしたら稼げたのが1億円」という解釈。

さて、テレビではどちらの意味で使っていると思いますか?

hint もしあなたが盗難に遭った宝石店の店主だとして、テレビ局のマイクを向けられたら、心情的にどちらを答えますか?

A.31

売ったとしたら稼げたのが1億円

　銀座の宝石店は、「仕入れて・売って」の商売です。ふつう仕入れた価格より高い値段で売りますから、仕入れ値と売値には差があるはずです。ここで仕入れ値のことを会計上「原価」といいます。原価とはそれを入手したときに「払ったお金の大きさ」のことです。一方、「売値」のことを「時価」といいます。時価は英語でマーケット・プライス、市場で取引されている価格の意味です。

　一般に盗難のニュースで報じられている価格は「時価」、つまり値札の価格です。その大きな金額を耳にするたび、私は「ふ〜ん」という気分になります。なぜなら銀座の宝石店といえば、原価に相当の利益を乗せているはず。原価ベースの損失はもっと小さいんじゃないの？　というやっかみからです（すみません、憶測で書いてます）。

　貸借対照表の資産にはたくさんのものが載ります。それらの評価を「原価or時価」のどちらで行うかは、会計上も古くて新しい問題です。

　蛇足ですが同じ銀座の高級寿司屋の看板にある「時価」、あれは会計的に説明不能。「いいなり」としか解釈できません。

Q.32

貸借対照表が小さいのは コクヨかアスクルか？

文房具最大手の老舗コクヨと文房具宅配サービスで新進気鋭のアスクル。

両社の営業利益はコクヨ64億円、アスクル68億円とほぼ同程度（どちらも2013年決算）。損益計算書からみた本業の業績は「同じくらい」ですが、貸借対照表には大きなちがいがあります。さて、貸借対照表の小さいA社はどちらでしょうか？

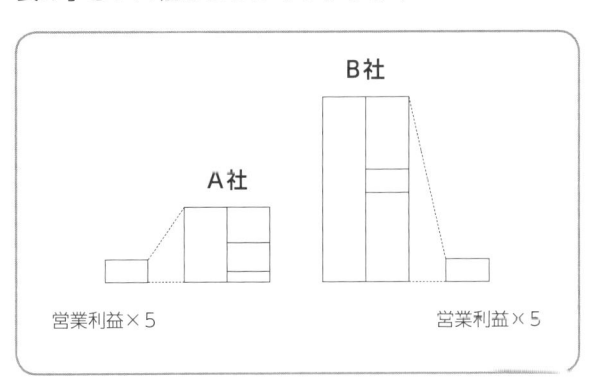

```
                                B社

              A社


営業利益×5                              営業利益×5
```

hint メーカーのコクヨと宅配に特化したアスクル。その差は貸借対照表にどう表れるでしょうか？

A.32

B/Sの小さいA社は「アスクル」

　コクヨとアスクルの両社、営業利益は同程度ですが、貸借対照表の大きさには数倍の違いがあります。

　小さい貸借対照表のA社がアスクルで、大きい貸借対照表のB社がコクヨです。一般に、工場や物流設備を持たねばならぬ製造業は貸借対照表が大きくなります。これに対して、アスクルはどちらかというと知恵とノウハウで勝負する会社。製造業に比べて設備投資は少なくてすむため、貸借対照表は小さくなるのです。

　ここで、両社のどちらが「効率のいい経営をしているか」といえばA社のアスクルです。なぜなら「小さな事業規模で大きな利益をあげている」からです。このように「小さな貸借対照表で大きな利益をあげる」ことを効率経営といいます。この効率経営を決算書ベースで測る経営指標がROA（Return On Assets）です。ここで「Return」とはP/Lにおける利益のことで、「Assets」とはB/Sにおける資産のこと。

　本クイズのA社vsB社の比較図は経営指標ROAを図にしたものです。経営効率を表すROAについては、Ⅷ章にて改めて取りあげます。

VI

キャッシュフロー計算書からカネの流れを読む

◆1…もうひとつの「線」：
キャッシュフロー計算書(C/S)

これまで決算書は、すでに解説した→（線）のP/Lと●（点）B/Sの2本立てでした。

これに新たな決算書が加わり、「3本立て」になりました。ニューフェイスがC/S (Cashflow Statement) です。

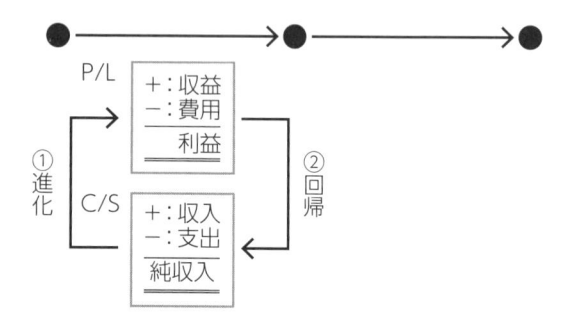

```
●ーーーーーーーーー●ーーーーーーーーー●
     P/L   ┌─────────┐
      →    │ ＋：収益 │
           │ －：費用 │
   ①      │  利益   │      ②
   進      └─────────┘      回
   化     C/S ┌─────────┐    帰
            │ ＋：収入 │
            │ －：支出 │
            │  純収入  │
            └─────────┘
```

これまで→（線）、つまり1年間の経営状況は損益計算書（P/L）によって表されてきました。これに対して、キャッシュフロー計算書（C/S）は同じく→（線）つまり期間の経営状況を表しますが、その捉え方が異なります。P/Lは「収益－費用＝利益」を計算しますが、C/Sは、「収入－支出＝純収入」。

世に言う「黒字倒産」は、P/L利益は出ているのにC/Sのおカネがないことによって生じます。

P/LとC/Sの両者は「進化と回帰」の関係にあります。これについて解説しましょう。

◆2…P/LとC/Sをめぐる進化と回帰の歴史

　小遣い帳や家計簿は「現金の収入と支出」に基づいて記録されます。この「現金の収入・支出」に基づく計算こそがキャッシュフローの正体です。お金の出入り（収入・支出）をきちんと管理することはすべての個人・会社に必要な基本。小遣い帳はその基本通りに計算を行っているのですね。しかし会社は基本のキャッシュでなく、「収益・費用」で計算を行います。
　これは長い時間のなかで、「収入・支出」から「収益・費用」の計算へとわざわざ「①進化」してきたのです。

　小遣い帳的「収入－支出」をわざわざ加工して「収益・費用」の世界（発生主義会計といいます）を作ってきた近代会計の歴史。「収益・費用」には、収入・支出が生じない項目が含まれます。たとえば減価償却（費用ではあるが支出はなし）はその代表例です。また在庫の存在も「支出と費用」がズレる原因となります。
　こうして「収入・支出」を「収益・費用」に進化させてきたのが会計の歴史ですが、あまりに「収益・費用」（発生主義会計）が複雑になりすぎ、とうとう原点回帰の動きが起こりました。それがキャッシュフロー計算書への「②回帰」です。キャッシュフロー計算書の登場は、「新たな決算書の登場」ではなく、「会計の原点回帰あるいは先祖返り」と理解してください。この点、多くの方がまちがって解釈しており、「会計

基準が国際化されて、米国あたりから新しくて難しい決算書がやってきた」と思っているようです。

　キャッシュフロー計算書は、新しいものでも難しいものでもありません。その本質は小遣い帳なのです。

　だからそれを読み取るのはとても簡単なのです。肩の力を抜いて、リラックスして、キャッシュフロー計算書を読んでいきましょう。

◆3…キャッシュフローの3区分を読む

　1年間の「収入-支出＝純収入」を表す会社のキャッシュフロー計算書ですが、P/Lと同じように内訳明細を作る決まりになっています。

　キャッシュフロー計算書は大きく「3つの区分」に分かれています。それが「営業・投資・財務」の3種類です。

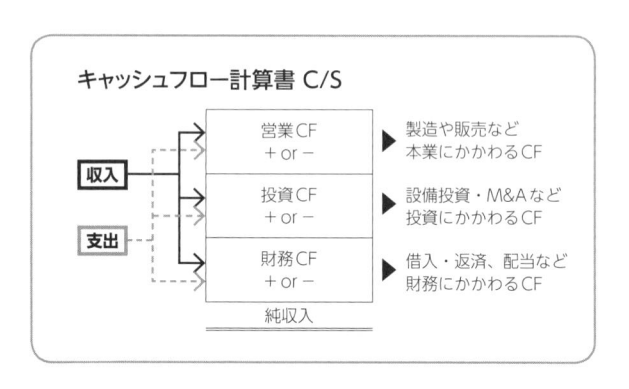

```
キャッシュフロー計算書 C/S

         ┌─────────────┐
         │   営業CF     │ ▶ 製造や販売など
  収入 ─▶│   + or −    │   本業にかかわるCF
         ├─────────────┤
         │   投資CF     │ ▶ 設備投資・M&Aなど
  支出 ─▶│   + or −    │   投資にかかわるCF
         ├─────────────┤
         │   財務CF     │ ▶ 借入・返済、配当など
         │   + or −    │   財務にかかわるCF
         ├─────────────┤
         │    純収入    │
         └─────────────┘
```

このうちもっとも重要なのは一番上、本業の稼ぎ「営業キャッシュフロー」です。本業でどれだけお金を稼げるか、ここは会社の生命線。営業キャッシュフローはプラスであることが経営上必須です。
　その下の「投資キャッシュフロー」は一般的にマイナス計上されます。設備投資やM&Aを行う前向きな会社は投資に「お金を遣う」からです。投資キャッシュフローはむしろマイナスのほうが健全であるといえます。
　最後の「財務キャッシュフロー」は借入や返済、配当の支払などが含まれます。「借入・返済」はプラス・マイナスのどちらが良いということはありません。会社の成長ステージなどによってケース・バイ・ケースで判断すべきです。
　会社のキャッシュフロー計算書は、この３つの区分のどこでプラスが出て、どこでマイナスが出ているかの状況を総合的に判断して読み取ります。

◆4…FCF（フリー・キャッシュフロー）を読む

　キャッシュフロー計算書は、トータルの結果である「純収入」ではなく、３つの区分のバランスで読み取りましょう。
　さて、その読み取りにおいて最大のポイントとなるのがFCF（フリー・キャッシュフロー）です。
　営業キャッシュフロー（通常はプラス）から投資

キャッシュフロー（通常はマイナス）を差し引いた残りをFCFといいます。営業と投資という会社にとって必要な活動を行ったうえでどれだけお金が余っているか、それを表すのがFCFです。

会社のFCFには大きく分けて2パターンがあります。下記のパターン①が、営業CFの範囲に投資CFを収めている堅実・安定型、パターン②が営業CFを超える投資を行っている積極型です。
　パターン①のFCFはプラスになり、パターン②ではマイナスになります。

パターン①

営業CF（＋）	
投資CF（−）	FCF（＋）

営業CF＞投資CF
＝投資を稼ぎの範囲に抑えている〈安定型〉

パターン②

営業CF（＋）	FCF（−）
投資CF（−）	

営業CF＜投資CF
＝稼ぎを超える投資を行っている〈積極型〉

Q.33

ナポレオン戦争後、鉄道会社が編み出した会計処理は？

1830年、世界初の蒸気機関車による旅客輸送が英国のリヴァプール・マンチェスター間で始まりました。

ここからヨーロッパや米国にて鉄道の建設がブームになります。

しかし当時のヨーロッパ各国はナポレオン戦争でお金を遣いすぎて財政が苦しく、鉄道を建設する資金的余裕がありません。

ただでさえ初期投資に多額の資金が必要な鉄道、何とか資金を調達すべく鉄道会社は知恵を絞ります。

ここで彼らは画期的な会社処理を編み出して資金調達を可能にしました。

彼らが発明した「新しい会計処理」とは何でしょう？

> **hint** 鉄道会社としては、できるだけ早く利益を計上して配当を支払い、株主に財務健全性をアピールしたいわけです。そのために効果的な処理とは？

A.33

鉄道会社が発明したのは「減価償却」

減価償却を世界で最初に使い始めたのは1820年代の鉄道会社です。

鉄道会社は自らの経営状態が健全であることを投資家にアピールして、出資を呼び込む必要に迫られていました。ここで家計簿的な会計処理を行うと、初期投資(支出)が大きいことから「大赤字」が出てしまいます。

そこで「初期の投資(支出)をあとの数期間に配分させる」ための減価償却を発明しました。これで設備投資をしても利益が出やすくなります。

減価償却は鉄道会社から運河会社などへと伝わり、いまや義務となっているのはご存じの通り。減価償却の発明をキッカケに、収入・支出をもとに「収益・費用」を計算する発生主義会計が幕を開けたのです。

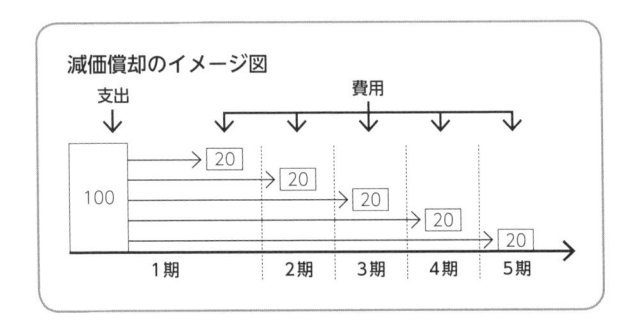

減価償却のイメージ図

支出 100 → 1期 20、2期 20、3期 20、4期 20、5期 20(費用)

Q.34

江戸の商人たちは火事のとき、穴蔵に何を隠したのか?

東京のあちこちで、工事の時などに「穴蔵」の跡がみつかります。

江戸の商人たちは、土地の上に建てる「蔵」とは別に、地面を掘って「穴蔵」を作っていたようです。

火事が多かった江戸の時代、商人たちが蔵ではなく「穴蔵」に隠しておきたい商売道具がありました。

それはいったい何でしょう?

hint　「火事と喧嘩は江戸の華」といわれるほど火事が多かった時代、火事が起こると、蔵はまるごと燃えてしまう危険がありました。商売人たちが命の次に大切にしていた「燃やしたくないもの」とは?

A.34
穴蔵に入れたのは「大福帳（売掛金台帳）」

　江戸時代の商人は大福帳といわれる帳簿に、取引先ごとの取引状況を記録していました。江戸時代は現代のB to B取引と同じく「掛売り」が基本でした。ただ、いまとちがってバックアップができない時代、回収すべき「売掛金」の記録が消滅することは商家にとって最大の痛手だったのです。

　火事が多かった江戸の時代、町内の狭い道路が混まぬよう、着の身着のままで逃げねばなりませんでした。大福帳を持って逃げられなければ置いていくしかない。しかし蔵に入れると燃えてしまうかもしれません。

　そこでリスク・マネジメントに敏感な商人は、穴蔵を掘って、そこに大福帳を隠したというわけです。

　参考までに、この「掛売り」当たり前の商売形態に「現金掛値無し」、つまりキャッシュ商売を持ち込んで革新を巻き起こしたのが越後屋（現・三越）ですが、そのお話はまた別の機会に。

Q.35

どうして増収増益の会社が突然つぶれるのか?

2008年9月に起こったリーマンショックは世界を揺るがす事件になりました。

その1カ月前の2008年8月、わが国でも不動産会社のアーバンコーポレイションが経営破綻しました。このアーバン、2008年3月決算まで9期連続の増収増益を記録していたこともあり、「増収増益会社の突然死」として話題になりました。不動産会社の経営破綻は「ある理由」によって生じることが多いのです。

さて問題です。アーバンも破綻した「ある理由」とは、次のうちどれでしょう?

- ・借入金の抱えすぎ
- ・従業員の抱えすぎ
- ・過大在庫の抱えすぎ

hint 3つの選択肢はすべて会社が経営破綻する理由になりますが、もっとも「不動産会社にとって直接的な経営破綻の引き金」といえばどれでしょうか?

A.35

過大在庫の抱えすぎ

　借入金抱えすぎも、従業員抱えすぎも、たしかにキャッシュフローを圧迫する要因にはなります。しかし伸び盛りに成長していく会社で、借入金と従業員が増えていくのはむしろ自然なこと。問題は借入金を増やし、従業員を増やして臨んだ不動産の本業でつまずくことです。

　それが「過大な在庫」です。不動産会社のアーバンコーポレイションは増収増益の勢いに乗って、不動産ビジネスを大規模に展開していきました。儲かっているからこそ、さらに将来の儲けを増やすべく在庫を増加させていったのです。

　しかし国内の資金収縮、国際的な信用不安からの金融収縮で「在庫が販売できない」ピンチに陥り、資金ショートしました。不動産会社の場合、儲かっている会社ほど過大在庫による資金ショートの危険と背中合わせなのですね。

Q.36

良品計画、
在庫を減らすために
社長が行った荒療治とは?

近年、各社でさまざまな在庫削減の取り組みが行われています。

しかし、減らそうと思ってもなかなか減らないのが在庫というもの。売れない在庫を抱えてしまっては、在庫評価損や処分損が決算のマイナス要因になります。とある会社では、在庫のことを社内文書で「罪子」と書いていましたっけ。

「無印良品」を展開する良品計画は、かつて2001年8月中間決算で赤字に転落しました。赤字転落の大きな原因が在庫評価損。当時、社長に就任した松井忠三氏は、そんな過剰在庫を抱える状況にカツを入れるべく、あっと驚く荒療治に出ました。

さてここで問題です。松井社長は会社の在庫を減らすべく、どんな行動に出たでしょう?

hint 赤字はもちろん決算書で出てくるものですが、紙の上では現実味がないのも事実。そこで松井社長は社員を連れてあるところに出かけました。

A.36
在庫を「焼却」するところを社員に見せた

　良品計画の赤字決算を受け、新社長は新潟県小千谷市にある焼却処理場に従業員を連れて行き、簿価38億円相当の在庫が焼却される光景を見せたそうです。自分たちが作った製品が溶解・焼却される悪夢のような光景。

　私はその場にいた従業員の1人に話を聞きましたが、「製品が燃やされるショックと共に、新社長の本気が怖いほど伝わってきた」と語っていました。

　数字というのは実際の現場から遠く離れた本社の経理部から出てきます。その数字は血の通わないものになりがち。この荒療治から従業員は「2度とこんなことがないように、いいものを作ろう」という社長の本気を読み取ったのだと思います。

　それから良品計画は生まれ変わり、国内で好調維持、海外へも積極進出しています。海外ではむしろ高級ブランドとして認識されています。社長の本気はたしかに会社を変えたようです。

Q.37

イオンとセブンの
キャッシュフローを
比べてみよう

以下のキャッシュフロー計算書は、流通大手のイオンとセブン&アイです。

さて、イオンはどちらでしょうか?

A社

	2012	2013
営業CF	462,642	391,406
投資CF	▲342,805	▲340,922

B社

	2012	2013
営業CF	203,382	142,289
投資CF	▲327,865	▲324,869

(単位:百万円、両社ともに2月連結決算)

hint 両社のFCF(フリー・キャッシュフロー)に注目してみましょう。A社はFCFがプラス傾向、つまり「稼ぎの範囲で投資している」堅実経営、B社はFCFがマイナス傾向、つまり「稼ぎを超える投資をしている」積極経営のようです。

A.37

イオンは「B社」

　イオンとセブン&アイの両社を比べると、積極展開のイオン対堅実経営のセブンという特徴があります。この特徴はキャッシュフロー計算書にハッキリと表れています。

　キャッシュフローの営業キャッシュフローと投資キャッシュフロー、そしてその差額であるFCFに注目しましょう。まず両社ともに営業キャッシュフローは、いずれの年度もプラス計上されています。稼ぎが大きいのはA社セブンのほう。また両社ともに投資キャッシュフローは、いずれの年度もマイナス計上されています。これは将来に向けての投資が行われていることを意味します。

　ただ、どれくらい投資をしているかについて差があります。A社セブンは2012と2013年のどちらも「営業キャッシュフローの範囲で投資を抑えて」おり、FCFがプラス。一方のイオンは2012年と2013年、どちらも営業キャッシュフローを超える積極的な投資を行っており、FCFがマイナスになっています。

Q.38

任天堂とシャープの キャッシュフローを 比べてみよう

2012年と2013年の決算で営業キャッシュフローが赤字となったのが任天堂とシャープ。

どちらも5年前は優良企業でしたが、残念ながらまさかの赤字転落です。

さて5年間のキャッシュフローを見ながら考えてみましょう。経営危機の深刻度が高いシャープはどちらでしょうか？

A社

	2009	2010	2011	2012	2013
営業CF	25,435	303,561	167,443	▲143,302	▲81,075
投資CF	▲222,229	▲253,805	▲244,613	▲159,557	7,110

B社

	2009	2010	2011	2012	2013
営業CF	287,800	160,337	78,103	▲94,955	▲40,390
投資CF	▲174,363	▲12,728	▲154,038	▲164,392	89,104

(単位：百万円、両社ともに3月連結決算)

hint シャープの場合、深刻な経営危機は過大な設備投資によって引き起こされました。大きな設備投資をして勝負を掛けたものの、液晶の価格下落で思ったように稼げなかったのです。

A.38 シャープは「A社」

　シャープは自力経営が危ぶまれ、海外からの資本参加を仰ぐところまで追い詰められました。

　その危機は数年前の積極投資に原因があります。

　A社シャープの2009年から2011年を見ればわかる通り、投資キャッシュフローが大きなマイナスになっています。これは堺・亀山などの液晶パネル工場へ追加投資を行ったことによるもの。残念ながらこの投資が期待通りの効果を生みませんでした。世界的な液晶の価格低下により、営業キャッシュフローが回収できなくなってシャープは危機に陥ったのです。

　一方の任天堂は営業キャッシュフローがマイナスに転落したものの、これまでそれほど大きな投資は行っておらず、貸借対照表に多額のキャッシュを積み上げてきました。そのため、いまだ経営危機というほどではなく、「スマホゲームに押されつつ、次に打つ手を熟考中」といった状況です。

VII

知らぬ間に職場に
影響を与えている
数字あれこれ

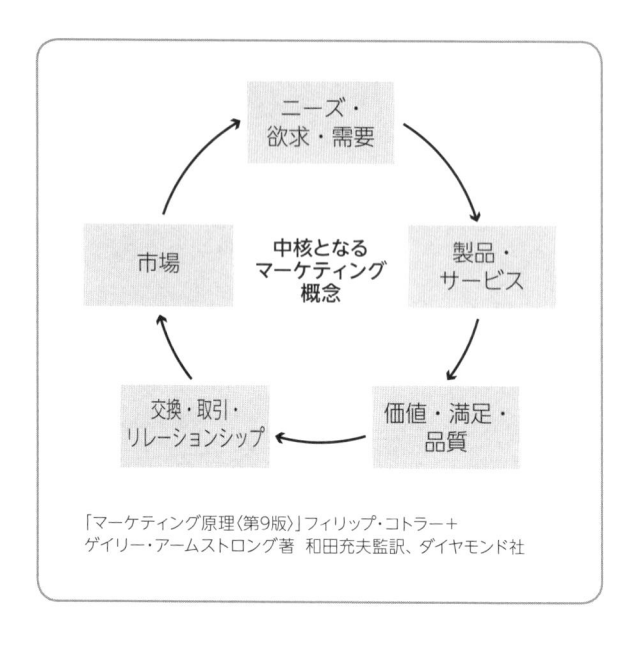

```
          ニーズ・
         欲求・需要
       ↗           ↘
                       製品・
              中核となる  サービス
   市場      マーケティング
              概念
                       ↓
       ↖           ↙
        交換・取引・   価値・満足・
       リレーションシップ ← 品質
```

「マーケティング原理〈第9版〉」フィリップ・コトラー＋
ゲイリー・アームストロング著　和田充夫監訳、ダイヤモンド社

　マーケティングで有名なフィリップ・コトラー博士の著書のはじめに、「マーケティング概念」の説明図が登場します。「ニーズ・欲求・需要」から「製品・サービス」や「価値・満足・品質」を経て、ぐるっとまわって「交換・取引・リレーションシップ」と「市場」に至るサイクル。

　くわしい中身はコトラー博士の著作に譲るとして、私がこの図で注目したいのは、マーケティングは「ニーズ・欲求・需要」を知ることから始まり、「取引」でひとつの終わりを迎えるということです。

これに対して経理部の仕事はまったく性質がちがいます。経理は「取引が仕事の始まり」だからです。
　かたや「取引が仕事の終わり」のマーケティング・営業。かたや「取引が仕事の始まり」の経理。
　これだけ仕事がちがうと、なかなか仲良くできません。
　マーケティング・営業は経理に向かって「お前たちは稼ぎもしないでいい身分だな」と言いますし、経理はマーケティング・営業に対して「君たちは領収書の提出期限すら守れないのか」とイライラします。

　「取引が完了」してから働く経理部の人たち。その仕事をひとことで言えば「決算書を作る」仕事です。この国に存在するすべての会社は、決算書を作らねばなりません。それに加えて、税務署に提出する法人税申告書の作成・提出も行わねばなりません。
　こうした決算書＆法人税申告書の作成については、計算処理や記入の方法、提出期限など、ありとあらゆるルールがガチガチに決められています。だから必然的に会社の経理の皆さんは「ルールを理解してそれに従う」お固い仕事になってしまうのです。
　正直なところ、経理部に「好奇心旺盛でエネルギッシュな新人」はあまり向いていません。なぜなら新人が「固定資産の新しい処理でも考えましょう！」とか「今年こそ税務署をやっつけてやりましょう！」とか言われても、先輩は困ってしまうからです。

とにかく経理の実務は「決められたことを決められた通りに、期限内に処理する」のが一番。そんな手堅い実務能力が経理には求められるのですね。
　そして「経理の決まりごとやルール」は職場のあらゆるところに入り込んでいます。気付かないうちに職場に入り込んでいる経理の常識や数字あれこれ、この章ではクイズで見ていきましょう。

Q.39

マイナスを三角マークで表す理由は?

最近、どこの世界でもグローバル化が進んでいます。会計の世界でも、世界標準ルールIFRS(国際会計基準)が上場企業に任意適用されるなど、急速なグローバル化が進行中。

しかし、意外なところで、世界ではほとんど使われていない「日本独自のルール」もあります。

その代表的なものが、数字のマイナスを△または▲で表す慣行。

そこで問題です。わが国ではどうしてマイナスを三角記号で表すのでしょう?

hint 世界を見渡すと、マイナスは括弧書きで示したり、あるいはマイナス記号で表示するのが一般的です。ここでマイナス記号での表記は、ある「困ったこと」が発生します。それはどんなことでしょうか?

A.39

上書きの不正を防ぐため

　日本では、帳簿記入の際、マイナス記号を△または▲で表す慣行があります。これのような使い方を他の国で見かけることはありません。

　いつからマイナスの意味で三角マークを用いるようになったのか？──どうやらそのルーツはお役所にあるようです。

　いまでも税務署に提出する確定申告書や法人税申告書ではマイナスを三角記号で表示するよう指示があります。おそらくこれが民間の会社にも広がっていったのでしょう。

　ではお役所がマイナスを三角マークで書かせる理由ですが、これは書き換え防止のためです。

　マイナスを「−」としてしまうと、4や5に上書き修正されるおそれがあります。

　そこで1〜9、どの数字にも上書き不能な三角をマイナス記号として用いるようになったのが起源のようです。

Q.40

レジで「1万円札入ります」と声を掛ける理由は?

ファストフード店、レストラン、コンビニエンスストアで買い物するときを思い出してください。

あなたが1万円札を出したとしましょう。受け取った店員さんが「1万円札、入ります」と言うのを見かけませんか? 店によっては1万円だけでなく、「5千円札、入ります」と言われることもあります。

ここで問題です。あれは何のための掛け声なのでしょうか?

hint 「1万円札入ります」と「5千円札入ります」は、お客さんに向けてではなく、横にいる同僚に向けて言っているようです。どうして同僚を相手にそんな声を掛けるのでしょう?

A.40 「従業員の盗難防止」という内部統制

　あってはならないことですが、「レジのお金を盗もう」とたくらむ従業員がいるとして、その人が狙うのはおそらく高額紙幣です。だとすれば高額紙幣が入る際に「同僚に声を掛ける」ルールをつくることで、盗難を抑止する効果があります。

　近年、企業は「ミスや不正の起こらない体制づくり」を進めています。これを内部統制といいます。内部統制とは、その名が示す通り、企業自ら（内部）の力で、ミスや不正が起こることを統制すること。

　内部統制ブームのルーツはアメリカにあります。2001年、米エンロンという花形企業が派手な粉飾決算の末に倒産しました。この反省から米国では翌2002年に企業改革法（通称SOX法）を成立させました。この企業改革法の重要キーワードが内部統制（Internal Control）だったのです。

　内部統制を重視する米国企業改革法（SOX法）の流れは世界中に広がり、わが国にも日本版SOX法（J-SOX）として導入されました。高額紙幣の声掛けルールに見られるように、最近の内部統制にどこか性悪説的な印象があるのは、アメリカがルーツだからなのです。

Q.41

簿記の受験者は センター試験受験者より 多いか少ないか？

英語を学ぶ人が受験するTOEIC試験。その年間受験者は230万人に上ります（2012年度）。

そして大学受験を志す高校3年生が受験する大学入試センター試験の受験者は約55万人（2012年度）。

ここで問題です。

日本の会計初心者の登竜門、多くの会計初心者が受験している日商簿記検定試験。

ズバリ受験者は年間何万人でしょうか？

hint これまで日本で最大規模の受験者数を誇っていたのが漢字検定ですが、近年受験者数が減少しており、2012年の受験者数は226万人。それに比べてグイグイ受験者が増えているのがTOEICで約230万人が受験。とうとう漢字検定を抜いて日本最大規模の検定試験になりました。これはグローバル化の現れですね。さて会計で有名な簿記検定の受験者数は？

A.41

58万人

　日本商工会議所が主催する日商簿記検定は、会計初心者が始めに受ける試験として有名です。4級から1級まであり、すべてを合わせると年間受験者は58万人になります（2012年度）。ということは、なんと大学入試センター試験より多いのです！

　簿記の勉強には良い面と悪い面があります。

　まず良い面は、会計の基礎をきっちり学べること。売掛・買掛、在庫、減価償却など会計の基本概念について理解することができます。

　一方で悪い面は、その内容が面白くないことです。簿記は決算書の作り方を勉強するところなので、その勉強はどうしても地味です。また悪名高い「借方・貸方」で挫折してしまう人も後を絶ちません。

　独学で学んで挫折して、もう会計はこりごりと「2度と帰らぬ人」になってしまうことも多いのです。

　あくまで簿記は会計を学ぶ初めの一歩、しかも専門的な領域を学ぶにすぎません。スポーツでいえばウサギ跳びのようなもの。ぜひ「そのあと」の勉強まで興味を持って進んでいただきたいと思います。

Q.42

年末になると カレンダーと手帳が 送られてくる理由

わが国では、年末といえばお歳暮の季節です。

お付き合いのある会社から、「今年はお世話になりました」のメッセージと共に贈り物が届きます。

その贈り物ですが、翌年の「カレンダーと手帳」が妙に多くありませんか？

ここで問題です。どうして会社からの贈り物に「カレンダーと手帳」が多いのでしょうか？

hint 贈り物は品選びこそ醍醐味であるのに、「カレンダーと手帳」があまりに多いのは、何か会社をめぐる「外的要因」がありそうですね。お歳暮に関係した法律やルールといえば？

A.42
法人税法上、交際費ではなく広告宣伝費計上が認められるから

　交際費は英語でSocial expensesとかEntertainment expensesといいます。もともとはエンタテイメント＝遊びのコストという意味です。

　会社の交際費で一番わかりやすいのは飲み代＝飲食にかかわるコストでしょう。つまり、交際費には広い意味での「お付き合い」や「遊び」のコストが含まれるわけです。

　税務署からすると、会社が遣った交際費を全面的に認めることはできません。なぜなら、交際費をすべて税金のマイナスとして認めてしまうと、「儲かった分だけ飲んでやる」という社長が現れるに決まっているからです。これは税務署としても困るので、交際費を税金のマイナスとして計算するには厳しい制限を設けています。

　そのなかで珍しく税務署のほうから「これは交際費ではありません。広告宣伝費として認めます」と例示列挙されているのが「手帳・カレンダー・扇子・うちわ・手拭い」なんです。落語家じゃあるまいし「扇子と手拭い」は贈りにくいので、会社では「手帳とカレンダー」になるというわけです。

Q.43

会計士・税理士の電卓が大きいのはどうして?

私がかつて在籍した外資系コンサルティング会社時代の経験から (1980年代です、念のため)。

日本でいう公認会計士、米国でいうCPA (Certified Public Accountant)、英国でいう勅許会計士 (Chartered Accountant)。各国に会計の専門家がいますが、やはりお国柄がありました。

米国のCPAはとにかく利回り計算に強い人が多く、口癖は「その案件の利回りは○%」。

英国の勅許会計士は、国をまたいだ節税の話が大好きで、よく使う単語が「タックスヘイブン」。

そして日本の会計士はとにかく世界一簿記が得意で、口癖は「借方・貸方」。

さてここで問題です。日本の公認会計士・税理士の持っている「電卓の大きさ」は世界一。なぜ日本の会計専門家の電卓はデカいのでしょうか?

hint どこの国でも専門家になるには試験に合格しないといけません。わが国では、試験の内容・性質によって電卓のサイズが決まってしまうのです。

A.43
試験に合格するため、手元を見なくていいデカい電卓を選ぶ

　わが国の公認会計士・税理士試験では、計算問題の割合やボリュームが結構大きいのです。時間内に膨大な計算をこなすため、受験者は手元を見ずに電卓を使いこなせるようにならなければなりません。左手の中指を「5」のホームポジションに置き、3本指で叩きまくる。これが合格への早道なんですね。

　ちなみに私は、外資系に入ったとき、外国人たちの電卓が小さいことに驚きました。図体が大きい、指が太い外国人がちっちゃい電卓でピコピコやっている不思議。あれは関数電卓でした。彼らの好きな利回り計算を行うのに関数電卓が必須だったのです。

　そんな事情も知らず、「なんでそんなに小さい電卓を使ってるの？」と聞いた若き日の素直な私。そしたら「君のは大きくていいね」と言われました。あれがバカにされたのだと分かったのは、かなりあとになってからです。

Q.44

交通違反の反則金に
ノルマはあるのか?

　この本の原稿を書いているところに飛び込んできたスタッフが「駐禁、取られましたぁ」と一言。

　「この前もやられなかったっけ?」と聞けば「そうなんですよ。短期間で2回目ですよ」。

　たしかに私の事務所のある東京都中央区近辺は妙に駐車違反の取り締まりが多い気がします。

　これは単に「通行の邪魔になる」から厳しく取り締まっているだけなのか、それとも別の要因が隠されているのか。

　あるスタッフは「違反切符にもノルマがあるんじゃないですか」

　別のスタッフは「まさか違反切符にノルマはないでしょう!」

　読者の皆さんにも考えてもらいましょう。

　交通違反にノルマはあるかないか、さあどっち?

> **hint** ノルマがあるということは交通違反の収入が予算計上されているってことです。そんなことはあるのでしょうか?

A.44

ノルマはある!

　調べてみたところ、交通違反の罰則金「交通反則者納金」は国家予算の収入としてしっかりと計上されていました。平成25年度には712億円が「交通反則者納金」として予算計上されています。

　私も「ここで駐禁取るなんて!」という場所で切符を切られて何度となく憤慨しましたが、反則金が予算計上されているとなれば納得です。

　そういうわけで皆さん、交通安全と駐車違反には気を付けましょう。安全のためにも、財布のためにも。

VIII

M&Aと効率経営の分析

外資系コンサルティング会社に勤めていた若かりし私は、忙しくM&Aの仕事をしていました。

ときは1980年代の後半、日本経済が絶好調だったバブルの頃です。こちら絶好調の日本に対して、米国経済は絶不調。当時のM&A案件の多くは日本企業が海外企業を買収するin-out型でした。

米国の不調はわが日本メーカーが自動車や家電などメイド・イン・ジャパン製品を売りつけ、米国メーカーをフルボッコに叩きまくったからです。

あれから30年弱の時が流れました。あのときやられた米国は臥薪嘗胆の時を経て立ち直ってきました。

これに対して日本は90年代に入ってから不調続き。1980年代から今にかけて完全に形勢逆転です。

> **M&Aの移り変わり**
>
> ▶景気が良かった頃は……
> IN−OUT型:国内の会社が海外の会社を買収
> ▶景気が悪くなってからは……
> OUT−IN型:海外の会社が国内の会社を買収

相変わらずM&Aはブームですが、買収の向きが変わり、海外企業が日本企業を買収するout-in型の買収が増えました。わが国の大企業はいまや「海外に買収されないように」対策を考えています。

また国内企業同士のM&Aは数多く行われており、今後もますます増えていくことでしょう。

時代とともに存在感を増しているIT・サービス産業は、ビジネスのスピードが速いため、自ら設備投資して事業を育てるヒマがありません。そこで「まるごとビジネスを買う」買収が増えてます。

　さて、M＆Aを行うと会社の数字に、どんな影響があるのでしょうか？
　売上とコストが増えるところまでは理解できると思いますが、それだけではありません。
　会社を買収することによって貸借対照表（B/S）が大きくなります。つまり買収した会社の資産・負債が自社のB/Sに加わるからです。こうなると喜んではいられません。なぜなら買収してB/Sが大きくなった分だけ、それに見合った儲けを増やさねばならないからです。
　M&A時代には、改めて「会社はB/Sの大きさに見合った利益を稼がねばならない」という効率経営が求められます。また効率経営を測るモノサシとしてROA（Return On Assets）に注目が集まります。
　ROAについてはⅤ章のQ32コクヨ対アスクルで取りあげました。
　ROA、リターン・オン・アセットはリターンたる「P/Lリターン（利益）」を、「B/Sアセット（資産）」で割ってパーセンテージを計算する指標です。
　ここで分子の利益はもちろん「大きければ大きいほど望ましい」わけですが、では最低限、どれだけの利

益を出せばいいのでしょうか？

　私たちは利益といえば「赤字か黒字か」を意識します。とりあえず黒字であればそれでよしと考えがちですが、ROAによれば、それではダメなのです。

　会社の経営者は銀行や株主から資金を預かって経営している以上、そこには「預かった者の責任」が発生します。ここで経営者が外部者から預かったものが「貸借対照表の大きさ」に他なりません。ROAはこれを分母にして、「預かった財産をどれだけ利益に結びつけたか」を表します。

　ROAは「預かった財産を上手に利益につなげる」という意味で「効率経営のモノサシ」とされるのです。

　本章ではM＆A時代の効率経営についてクイズを出題することにしましょう。

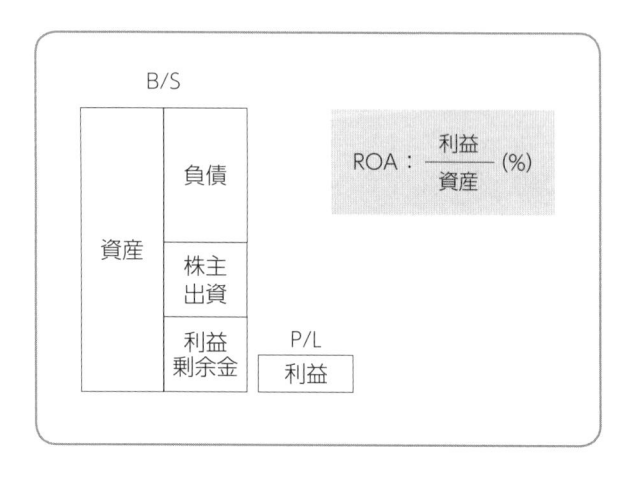

$$ROA : \frac{利益}{資産} (\%)$$

B/S: 資産 / 負債・株主出資・利益剰余金
P/L: 利益

Q.45

ウルトラマンで有名な円谷プロの第2位となる株主は?

　最近、ウルトラセブンやウルトラマンタロウといったウルトラヒーローをモデルにした「新型パチンコ機」が続々登場しています。これはパチンコ・パチスロ機を開発製造するフィールズが円谷プロダクションの筆頭株主となったことによります。

　フィールズは現在、円谷プロ株の51％を所有しています。

　では残りの49％を所有しているのはどこの会社でしょうか？　次の３社のなかから選んでください。

・松竹
・バンダイ
・TBS

hint これは小さな男の子を持つお父さんに有利なクイズかもしれません。映画会社も玩具会社もテレビ局も欲しいウルトラマンのライセンス。これを持てばさまざまなビジネス展開が可能です。49％を所有して思い切り有利にウルトラマンをビジネス活用している会社といえば？

A.45

49%を所有するのは「バンダイ」

　玩具メーカーにとって有名キャラクターの権利を手に入れることは悲願だといえるでしょう。ときには「玩具を売りやすいように」ストーリーを組み立てることも可能になります。

　1996年の「ウルトラマンティガ」以降、ウルトラマンは妙な変身の仕方をするようになりました。人間がウルトラマン変身したあと、さらに別のタイプに変身するのです。これでバンダイは数種類のウルトラマン人形を発売することができます。しかも同じ金型で別のウルトラマンを作れるので製造コストは安くすみます。

　そういえば同じバンダイが発売する仮面ライダーも「2回以上変身」するようになったり、多数のライダーが登場するようになりましたっけ。

参考 『ウルトラマンが泣いている―円谷プロの失敗―』
　　 円谷英明著、講談社現代新書

Q.46

高級腕時計ブランド「オメガ」を買収した会社はどこ?

　私がずっと昔、米国出張の際に買ったオメガの腕時計が動かなくなりました。

　修理に出そうと修理センターを調べ、そこを訪ねてみると別のブランドの看板が掛かっている店でした。

　そこで私はオメガが別の時計ブランドに買収されていることを知りました。

　さて、ここで問題です。

　オメガを買収したのは、どこの会社でしょうか？
次の３つの中から選んでください。

・セイコー
・スウォッチ
・ロレックス

hint 時計・バッグはじめ、世界中でブランドの買収が相次いでいます。財務内容の良い会社は自らブランドを立ち上げるより、既存ブランドを買収することを選ぶようです。

A.46

オメガを買収したのは「スウォッチ」

　オメガを傘下に収めているのはスウォッチです。
　時計の印象としては、高級時計のオメガに対して低価格のスウォッチ。しかしそんな時計の販売価格と会社の財務的な力は必ずしもイコールではありません。
　会社を買収するのに必要なのは資金力です。豊富な資金を有していれば買収を有利に進められるのは一般の買い物と変わりません。また貸借対照表の自己資本比率が高ければ、それだけ借り入れ余力があることになります。こうしてみると、他社の買収を有利に行えるかどうかのカギは貸借対照表にあるといっても過言ではありません。

Q.47

派手なM&Aで
キリンの決算書は
どう変わったか？①

　近年、キリンは海外企業を含め、積極的にM&Aを展開しています。

　紹興酒や杏露酒などの中国酒で有名な永昌源や、国内ワイン大手のメルシャンなどはいまやキリン傘下。

　ここでキリンのM&A戦略に関するクイズです。

　2004年から2013年の10年でキリンの貸借対照表はどう変わったか。以下の2点について考えてみましょう。

・貸借対照表の大きさがどう変化したか？
・自己資本比率は上がったか下がったか？

hint 実際に海外企業をたくさん買収するためにはそれなりの資金が必要です。一般には借入れ＋株式購入によって買収が行われます。

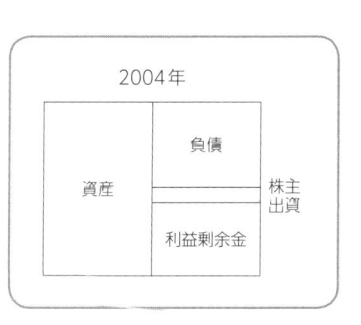

```
           2004年
    ┌─────┬─────┐
    │     │ 負債 │
    │ 資産 ├─────┤株主
    │     │     │出資
    │     ├─────┤
    │     │利益剰余金│
    └─────┴─────┘
```

A.47
2013年には、貸借対照表は大きくなり、自己資本比率は下がった

　ここまでクイズを解いてきた読者には簡単な問題だったと思います。

　貸借対照表の変化を見てわかるとおり、キリンは「借り入れ（負債の増加）＋株式の購入（資産の増加）」を行っています。株主出資ではなく、負債によって買収資金を調達したため、自己資本比率は下がっています。

Q.48

派手なM&Aで
キリンの決算書は
どう変わったか?②

　先の問題で見た通り、2004年から2013年にかけてキリンの貸借対照表は大きくなり、自己資本比率は低くなりました。これは大きな借金をして、他社の株式を買収したことによる変化です。

　ここで問題です。このように「巨額の借金＋他社の買収」によって事業規模を拡大し、貸借対照表を1.6倍に膨らませたキリン。さて1.6倍に増えた貸借対照表に対して、損益計算書の営業利益はどう変化したでしょうか？

・1.3倍に増えた
・1.6倍に増えた
・1.9倍に増えた

hint 10年で貸借対照表を1.6倍に大きくしたキリン。ここで営業利益がそれを上回る1.6倍以上になっていれば経営効率が向上、それ以下であれば経営効率が悪化したことになります。

A.48

1.3倍に増えた

　2004年から2013年にかけて貸借対照表を1.6倍にしたキリンですが、営業利益は1.3倍にしか伸びませんでした。これは何を意味するのでしょうか？

　ROAの計算式を思い出してください。ROAは利益を資産で割って計算する「効率経営のモノサシ」でした。資産（＝分母）が1.6倍になって、利益（＝分子）が1.3倍にしかならなかったということはROAが悪化、つまり経営効率が悪化したことを示します。

　企業は他社を買収することによって貸借対照表が膨らみます。この増加に見合った分だけ利益が増えないと経営効率が悪化します。

　実際のところ、M＆Aを成功させるのは簡単ではありません。なかなか買収によってROAが向上しないのが現実なのです。

Q.49

キヤノンの御手洗氏が税務署から教わった経営の極意

キヤノンを高収益体質企業に改善した立役者、御手洗冨士夫氏のエピソードから。

1966年キヤノンUSAに赴任した御手洗さんのもとに、米国税務署の調査官が現れました。

「脱税の疑いがある」と、調べに入った調査官。

最後に御手洗さんを呼んで「あること」を言ったそうです。その一言に若き御手洗氏は大いに衝撃を受けたのだとか。

ここで問題です。その調査官は御手洗氏に何を言ったのでしょうか？

次の3つの選択肢から正しいものを選んでください。

・数字に細かすぎるからもっと大雑把になれ
・有り金をぜんぶ定期預金にして日本に帰れ
・この会社を辞めて明日から俺の同僚になれ

hint 御手洗氏曰く、この調査官から米国式経営のレッスン・ワンを教わったそうです。

A.49 有り金をぜんぶ定期預金にして日本に帰れ

　この調査官はキヤノンUSAの脱税を疑っていました。しかし、当時あまり儲かっていなかったキヤノンUSAは「利益を隠す」脱税どころか、経費を翌年にまわして「利益を上乗せしていた」のです。

　つまり調査官が思っていたほど、キヤノンUSAは「儲かってなかった」というわけ。

　この「儲かっていない」事実に呆れた調査官は、御手洗氏に「いますぐ売掛を全部回収して、それを定期預金に預けて日本に帰れ。そうすれば何もしないで5％儲かるぞ」とアドバイスをくれたそうです。

　当時の定期預金の金利が5％。それより高い利回りでビジネスをしないと、やる価値はないことを調査官から教わった御手洗氏は、それから利益体質を心掛けるようになったそうです。

　ここで定期預金の金利5％というのは「元本に対する金利」です。これを会社に当てはめると「資産に対する利益」つまりROA（総資産利益率）のことです。御手洗氏の米国エピソードを会計的に表現すると、自社のROAが定期預金の金利に負けているようではビジネスをやる意味がない、ということです。

参考『キヤノン式 高収益を生み出す和魂洋才経営』
　　日本経済新聞社編、日経ビジネス人文庫

Q.50

ROA向上に
つながらない行動は
どれでしょう?

　日本では景気の良かったバブル期まで「売上」を経営目標にしている会社がほとんどでした。

　バブルが崩壊し、1990年代になると「売上」に変わって「利益」が目標とされます。

　続いて1990年代後半になると、先ほど御手洗氏が経験した米国流「ROA」が多くの会社の経営指標として採用されていきました。

　ROA（Return On Assets）は1年間のP/L利益をB/S資産で割って計算します。

　さてここでROAについての問題です。以下のなかでROAが上昇しない取引はどれでしょう?

- 正社員を減らして契約社員・パートを増やす
- 手持ちの福利厚生のための温泉を売却する
- 従業員の気合いアップのため運動会開催

hint それぞれの行為が「分子の利益を増やすか・減らすか」「分母の資産を増やすか・減らすか」のいずれの結果をもたらすか、考えてみてください。

A.50 従業員の気合いアップのため運動会開催

「正社員を減らして契約社員・パートを増やす」は、人件費というコストを削減する効果があります。ということはROAの分子（＝利益）を増やすのでROAを上昇させます。

「手持ちの福利厚生のための温泉を売却する」は、資産を減らす効果があります。ということはROAの分母（＝資産）を減らすのでROAを上昇させます。

「従業員の気合いアップのため運動会開催」は、運動会の開催によってコストが増加し利益が減ります。ということはROAの分子（＝利益）が減ってしまい、ROA自体が悪化してしまうのです。

運動会は一見すると気合いがアップして良いことがありそうですが、決算書ベースのROAを短期的に増加させる効果はありません。

さらに、急に運動会を再開した会社では、オジさんたちが張り切りすぎて骨折などのケガ人が続出、医療費の高騰を招いています（実話）。

Q.51

ROAの背景にある株主重視経営の問題点は？

　日本では1990年代後半からROA経営が流行しました。ROAをアップさせるためには分子の利益を増やし、分母の資産を減らさねばなりません。

　しかしバブル崩壊後で利益を出せない日本の会社は、いっせいに「資産圧縮」へと向かいました。

　分子の利益が出なくても、分母の資産を減らすことができれば、結果としてROAは向上します。

　90年代ROA重視のもと、多くの会社で福利厚生施設の売却が行われました。次いで社宅や独身寮の売却。そのあとは営業拠点や研究所の統廃合、工場や物流施設の統廃合といった重大な部分へと資産圧縮が進みました。

　改めてこの一連の「資産圧縮活動」を振り返ってみましょう。そこにはROAの致命的ともいえる欠点が隠されています。さてそれは何でしょう？

hint ROAは米国流の株主重視経営の流れに乗って日本に登場しました。株主を意識したROAが強調されすぎると、別の人たちの不利益が現れてくるかもしません。

A.51
会社で働く従業員たちの雰囲気が暗くなる

　いまいちど90年代後半以降、ROAを重視した日本企業が歩んできた「資産圧縮の道」を従業員の立場から振り返ります。

　福利厚生施設の売却：レジャーに行けなくなる
　　↓
　社宅・独身寮の売却：家を追い出される
　　↓
　営業拠点・研究所の統廃合：通勤時間が長くなる
　　↓
　工場・物流施設の統廃合：単身赴任が増える

　こうしてどんどん「従業員には辛い」職場になっていったことがわかりますね。つまり株主重視のROAは従業員の幸せにあまり貢献しない一面を持っています。日本的経営の強さの源泉は何といっても従業員です。ここは一番、従業員の「勢い」を取り戻す方法を考えねばなりません。

Column

会社の「勢い」を取り戻せ

　1980年代、日本の製造業は高性能・高品質のメイド・イン・ジャパン製品を引っ下げて米国市場に殴り込みを掛け、完勝を収めました。やられた米国は「モノづくりでは日本にかなわん」とばかり製造業から離れ、ITや金融への産業シフトを推し進めました。

　そして1990年代、IT・金融・サービス業など新分野で成功していくわけですが、その起爆剤になったのが「株主重視経営」の考え方です。

　株主のために、とにかく経営を効率化し、株主へのリターンを最大化する。ストックオプションを導入して、株価が上がれば株主だけでなく、経営者と従業員も儲かる仕組みまで作り上げました。

　職場にITを導入し、従業員のITスキルを鍛える。ついでにロジカルにものを考え、部下を上手にコーチし、プレゼンがうまくなるようトレーニングする。こうした横文字のビジネススキル・ブームは米国で株主重視と経営の効率化が進んだ1990年代に生まれています。

　結果として株主重視経営は、目に見える短期的な結果を追い求め、日々の株価値上がりを追求する「悪しき株価重視経営」に変容していきました。

もう、そろそろ米国流だからといって何でもありがたがることはやめませんか？　私たち日本企業の力の源泉は、勤勉で愛社精神にあふれる従業員です。いまや株主より、従業員の「勢い」を増すような方法を考えましょう。そのために次章で紹介するのが中国古典「孫子の兵法」です。さあ世界最古の戦略古典で、「勢い」の出し方、ビジネスの戦い方を学びましょう！

IX

「孫子の兵法」に
数字管理の
極意を学べ

◆1…世界で最古の戦略書「孫子の兵法」

　経営戦略、顧客戦略、戦略思考……。

　いまや「戦略」という言葉はビジネス界でも当たり前のように使われています。

　しかし「戦略」について、短く正確に表現できる人がどれだけいるでしょう。悪くいえば、「戦略」とは、「すこし小難しく考えること」の代名詞に成り下がってきた気がします。

　その「戦略」にかかわる世界で最古の書物が「孫子の兵法」です。

　中国の孫武が2500年前に書いたとされる「孫子の兵法」、それは現在でも世界中の経営者やスポーツ監督に愛読されています。

　この孫子の兵法に「彼を知り己を知れば、百戦して殆(あや)うからず」という有名な言葉があります。

　おそらく孫子の兵法といえば、この「彼を知り己を知れば〜」を思い浮かべる方が多いのではないでしょうか。もちろんこれは名文句には違いありません。しかし孫子の別の箇所にはこう書かれているのです。

　「百戦百勝は善の善なるものにあらず」。

　これはつまり、百戦して百勝してもそれは最高の状態ではないということです。だとすれば、孫子はどんな状態を最高だと考えたのでしょうか？

◆2…戦わずして勝つ、不敗の原則

　改めて「敵を知り己を知れば、百戦して殆うからず」について、この後段に注目してみましょう。「殆うからず」というのは、つまり「負けることはない」という意味であり、ここで孫子は「勝てる」とは言っていません。この部分に孫子の兵法、不敗の原則の神髄があります。

　「孫子の兵法」が書かれた当時の中国は、広い国土に多数の国がひしめいていました。この群雄割拠のなかで「勝つ」ことに集中しすぎると危険をともないます。なぜなら全力で相手国を打ち負かして占領したとしても、戦いによって兵が死に、食糧や金を失って国力が弱れば、周りの国によって滅ぼされてしまうことでしょう。そこで孫子は、生き残りのために不敗の戦略を重視しました。国力を弱めて勝つことより、国力を温存して負けないこと、それが国を長く繁栄させる姿勢だと説いたのです。

　だから「百戦百勝は善の善なるものにあらず」なのです。100戦して100回勝てたとしても、それで国がボロボロになり、101回目に負けてしまえばすべてが終わる。だから国力を温存しつつ「負けない戦い方」で臨むことが重要なのですね。

　孫子の兵法では全編にわたって「負けない戦い方」が展開されています。孫子にいわく、「兵は詭道なり」。つまり戦争もしょせんは騙し合いだということです。

あまり堂々と戦うのではなく、「上手に戦いなさい」という教え。

このあたり、日本企業の知恵やノウハウを「従業員ごと」引き抜いていく中国企業はさすが「孫子の兵法」元祖の国です。私たちもいい意味での「ずるさ」を身につけないと太刀打ちできません。

◆3…将たる者、部下のやる気や
　　モチベーションに頼るな!

勝つことよりも負けないこと、国力の温存を重視すること――これはまさに、今の日本企業に当てはまる教えだと思うのです。

とくに厳しい経営環境にさらされている中小企業や自営業にとっても、「孫子の兵法」の不敗の原則などは大いに役に立ちます。また、まだまだ威張った男たち（?）が多数を占める職場で生き抜かねばならない女性たちも学ぶところが多いはず。

孫子の兵法いわく「勢いに求めて人に求めず」。

将たる者は兵士のやる気やモチベーションなどに期待してはいけない。自然と彼らがやる気になり、全体の勢いが出るような体制、仕組みを作らねばならない……なんとすばらしい名言でしょうか!

さあ、私たちも「勢い」を出すべく、本書の締めくくりに「孫子の兵法」に数字管理の極意を学びましょう。

Q.52

「1日2時間のみ営業、注文は2杯まで」の ビールスタンドの謎

広島・銀山町で美味しいビールが飲めると評判の「ビールスタンド重富」。

営業は17時〜19時の2時間のみ。500円のビールを2杯しか注文できません。しかもメニューはビールだけでつまみも出しません。

いったいぜんたい、なぜこれで商売が成り立つのでしょうか？

hint ご主人の重富氏は徹底的に「うまいビール」を研究しています。その成果は誰のために役立つのでしょう？

A.52
ビールを極めつつ、近所の飲み屋さんにもそれを教え共存共栄・地域発展を目指している

　17時から19時しか営業せず、注文は500円のビールを2杯まで。つまみなしの営業スタイルは私にも謎でした。たくさん飲ませる回転率でもなく、つまみの利益率でもない。ならば道楽か？

　地図を片手に現地に到着して「あっ」と思いました。広島にあるビールスタンド重富は、「重富酒店」の一角にあったのです。社長の重富寛さんは重富酒店の3代目。自らのスタンドでうまいビールを提供しつつ、そのノウハウを近所の飲み屋さんにも提供しています。重富さんは「広島を日本一おいしい生ビールが飲める場所にする」と街おこしにも積極的。19時終了つまみなしの営業は「このあと近所のお店で飲んでくださいね」ということだったのです。

　孫子の兵法に曰く、「故に善く兵を用いる者は、人の兵を屈するも、戦うにあらざるなり」。

　戦って勝つより、戦わない協力関係をつくったほうがいいという教え。不況で敵対関係になりがちな状況こそ、どうやって戦わない関係を築くかが大切なわけです。

ビールスタンド重富：
http://sake.jp/beer_stand/concept/

Q.53

なぜかスーパーマーケットの上にある
フィットネスクラブ

　平均寿命が延びる一方、医療費の自己負担の増加や年金問題などの不安がひたひたと忍びよるいまの日本。

　日本人の間に健康志向が高まってきています。

　老いも若いも走り始めた日本人、みんな揃ってマラソンへ向かっています。

　そしてフィットネスジムも大手から中小まで、いろいろな形態が登場しています。

　メガロスやティップネスといった大手フィットネスに対して、フランチャイズ展開で拡大中のフィットネスが「カーブス」。

　このカーブス、他のフィットネスジムとはちがった形態で展開中。

　さてカーブスは、他のフィットネスとどうやって差別化を図ったでしょうか？

> **hint** カーブスはふつうのビルの1室、たとえばスーパーの上などに入っています。なぜそれが可能なのでしょうか？

A.53
顧客は女性のみ、水回り(シャワー・プール)なしの絞り込みを行った

　ライバル多数の状況において「差別化」とはよく使われる言葉です。しかし多くの場合、みかけや小手先の差別化に終わっているケースがほとんど。このような「似たり寄ったり」で戦う場合、必ず値下げという名の消耗戦に突入します。

　プライシングの章で説明したとおり、値下げで増益はとても難しく、しかもフィットネスの場合、キャパシティ(収容力)に限界がありますから「値下げして客数増加」の成功はありえません。

　そこでカーブスは従来型のフィットネスジムと、根本的にビジネスのスタイルを変えることで成功しました。顧客を女性に絞り、プール・シャワーをなくし、30分でこなせるメニューを開発したのです。「忙しいけど運動したい」主婦などにうけています。

　「増やす」ビジネス展開がなかなか難しい今の世の中、ビジネスのある部分を「捨てる・絞る」ことで新たな活路を開く例が増えています。すでに2人専用の宿、2人専用レストランなどが登場して好評を博している様子。

　孫子の兵法に曰く、「行くこと千里にして労せざるは、無人の地を行けばなり」

　皆と同じ場所で戦っては疲れるが、誰もいない場所に行けば疲れずに進める、という教えです。

Q.54

注文した品が届くと お客さんが歓声を上げる 喫茶店

　埼玉県郊外を中心に店舗を構えるOBコーヒー（珈琲茶館OB）。ログハウス作りの落ち着いたお店です。不便な場所にあるにもかかわらず、わざわざ訪れるお客さんが多いようです（私もよく行きます）。

　このお店では、ウェイトレスさんが注文した品を届けた瞬間、お客さんから「ええっ〜」とか「おお〜っ」と歓声が上がることがしばしば。

　さて、そのお客さんの歓声の理由は？

hint このOBコーヒーは家族連れが多いのが特徴です。とくに子どもが喜びそうなことといえば？

A.54

思い切り容器がでかい

　都会に店舗を構える飲食店の悩みは、何といっても場所代と人件費の高さ。とくに立地の良い場所の家賃は高く付きます。

　逆にいえば、通常の飲食店が苦労する「場所代」を安くあげることができれば、そこで浮いた分を他のコストに回すことができます。

　〇Bコーヒーは、郊外の立地で不便な場所にあります。お客さんにはわざわざ車で来てもらわねばなりません。そこで、安い場所代で浮いた分を原材料費に回したようです。

　出てくる飲み物の器がとにかくデカい！　アイスティーの器など金魚鉢かと見まちがうほどです。

　背の高いクリームソーダが出てくると子どもが「キャーッ」と大声をあげます。

　孫子の兵法に曰く「およそ戦いは、正を以て合し、奇を以て勝つ」。

　戦いだけでなく、ビジネスも正攻法だけではいけません。ときに奇襲、お客さんを「ワオ！」と驚かせるようなサプライズが必要です。

　自らのコスト構造をじっくり見ながら、削るところと、金を掛けるべきところを見極める。これぞ孫子のいう「正と奇」の数字戦略です。

Q.55

会社に勢いを付けるために、どんな表彰を行うか?

大阪府堺市の太陽パーツは、顕著な功績をあげた従業員に「社長賞」を贈るだけでなく、それとは別に「○○○」をした従業員も表彰しているそうです。

さて、この会社は何をした社員を表彰しているのでしょう?

hint 不況になると損失回避性や現状維持志向がどんどん強くなります。守りに入りがちな従業員をチャレンジの方向へ向けるにはどんな賞が有効でしょうか?

A.55
「大失敗」をした従業員に 「大失敗賞」金一封を贈呈

　いわゆる「ミス」には2種類があります。それが消極ミスと積極ミス。

　消極ミスとは「やるべきことをやらなかった・失敗した」ミスです。これに対して積極ミスとは「あえてチャレンジしたらうまくいかなかった・失敗した」ミス。

　ホテルでいえば、お客さんに領収書を渡し忘れたら「消極ミス」、良かれと思ってお客さんにチョコを贈って「オレは甘い物が嫌いだ」となったら「積極ミス」です。

　消極ミスは2度と繰り返さないように対応すればいい。問題は積極ミスのほうです。会社としてこれをどう扱うかは社風にかかわる大問題。なぜなら、誰かが積極ミスを責められたとしたら、それを見た同僚は絶対に「チャレンジ」しなくなるからです。

　太陽パーツは「ミスをおそれずチャレンジせよ」とばかりに「大失敗賞」を設けています。この賞があることで会社の雰囲気は大きく変わりそうです。

　孫子の兵法に曰く、「故に善く人を戦わしむるの勢い、円石を千仞の山に転ずるがごときは、勢なり」。

　勢いに乗って戦うとは、丸い石を谷底に転がすようなもの。不況になって数字を重視するだけで、勢いなど出るわけがありません。数字をどううまく使って「組織の勢いを出すか」が重要なのです。

Q.56

リッツ・カールトンで
1人2000ドル分
与えられる意外な予算

　リッツ・カールトン・ホテルは従業員1人当たり2000ドル分、ある予算を認めています。

　さて、それは何に対する予算でしょうか?

> **hint** 私たちは予算に対して「使ってもいい金額」あるいは「使うべき金額」だと思っています。この予算はそんな日本人的常識からは想像がつきません。自由な発想で考えてみましょう。

A.56
個人の判断で自由に使える エンパワーメント予算

なんとリッツでは従業員1人につき2000ドルの「個人の判断で自由に使える予算」を計上しています。

大事な書類を部屋に忘れて帰国した米国人には、この予算を使って米国までの航空券を買い、直接届けに行ってもいいわけです。もちろん本人がそれを必要だと判断すればですが。エンパワーメント予算を使う・使わないは従業員1人ひとりの判断です。実際はあまり使われないで終わることが多いそうです。

この予算にはポイントが2つあります。1つは経営陣から従業員に向けて「君たちを信用しているよ」とメッセージを送っている点、そしてもう1つは現場の従業員の臨機応変な対応が可能になる点です。

孫氏の兵法に曰く、「故に兵に常勢なく、水に常形なし。よく敵によって変化し、而して勝ち取る者、これを神という」

水に一定の形がないように、戦争にも、不変の態勢はありえない。敵の態勢に応じて変化しながら勝利を勝ちとってこそ、絶妙な用兵といえる。

一歩まちがうと「予算」は予定外の支出を許さないガチガチの運用になり、目の前の機会を見過ごすチャンスロスを多発させます。孫子の兵法にいう「水のような臨機応変」を忘れないでおきたいものです。

参考：『リッツ・カールトン 至高のホスピタリティ』
高野登著、角川oneテーマ21

Q.57

優秀な従業員に
与えられる
意外な権利とは?

群馬県で、「ばね・スプリング」を製作している(有)中里スプリング製作所。

優秀な従業員にご褒美として「好きなものを作れる権利」か「○○○○○の権利」を与えているそうです。

さて、優秀な従業員に与えられる「○○○○○の権利」とは、どんな内容でしょうか?

hint 社長さんは会社で仕事を始めたとき、嫌な思いをしたことがあったそうです。「自分のような思いを従業員にさせたくない」そんな思いからこの賞をつくったそうです。

A.57

嫌な取引先を切る権利

　働く人なら誰でも1度は「取引先の横暴」にうんざりした経験があることでしょう。

　まして中小企業や小規模事業者で働く人は、このご時世、無理難題を押し付けてくる大企業に、はらわたが煮えくりかえる思いをした人も多いはず。

　自分がそんな経験をしてきた中里良一社長は、優秀な社員に「取引先を切る権利」を与えているというのです。

　さて問題はそのあとなんです。取引先を切ってしまうと、その分だけ売上が減ります。これをどうやって穴埋めするか考えておかねばなりません。

　なんとこの会社、売上が減った分は「社長が新規取引先を開拓して穴埋めする」のだそうです。そこまで社長が腹をくくってこそ、できることなんですね。

　孫子の兵法に曰く、「故に善く戦う者は、人を致して人に致されず」。

　戦争もビジネスも、相手のペースに巻き込まれてはダメです。自分のペースに持ち込むこと。小さなビジネスであっても誇りを忘れずにいたいものです。

参考:『嫌な取引先は切ってよい』 中里良一著、KADOKAWA

Q.58

ヨーカ堂が
POS導入を遅らせた理由

　その昔、スーパーマーケットには「レジ打ち名人」の店員さんがおり、その人の列に並ぶと順番が早かったものです。いまやレジ打ち名人さんはいなくなり、最近ではPOSシステムでバーコードをレジに「ピッ」と読み取らせるだけになりました。

　POSシステムは1980年代あたりから日本の流通業に広がっていきました。

　数ある流通業のなかでもっともIT化が進んでいるとされるセブン＆アイ・グループですが、1983年当時、ヨーカ堂の鈴木敏文氏（現CEO）は、意外にも「POSシステム」の導入をワザと遅らせたそうです。さて、鈴木氏がPOSの導入を遅らせた理由はなんでしょう？

> **hint**　便利なITツールに慣れすぎると人間が本来持っている能力が失われます。POSによって失われる能力とは、どのようなものでしょう？

A.58

売り場のチャンスロスをなくすため

　POSは流通業におけるIT活用として基盤となる存在です。「何が売れたか」を瞬時に記録できるPOSはたしかに便利なツールです。従来のレジスターよりも早くミスのないレジ作業ができるだけでなく、販売データをサプライヤーに送れば瞬時に「売れた分の発注」が可能になります。このような「売れた分を自動的に発注」する体制を鈴木氏は問題視しました。

　POSに頼ると「過去に売れた分を自動補充する」ことになり、下向き経済において商売は縮小均衡に陥る。売れ筋を見つける、あるいは売れ筋をつくるためには過去のデータに頼らず、将来への仮説を立てることが大切であると説いたわけです。

　会計的にいえば、これは「将来のチャンスロス」を意識する姿勢そのものです。過去のデータに頼らず、将来何が売れるかについて人間自らアナログに「仮説を立てる」こと。そんな仮説重視、チャンスロスに敏感な社風から高価格「金の食パン」などのヒットが生まれているのですね。

〈もっと学びたい人のための参考図書リスト〉

◆行動経済学についてくわしく知る

　初心者にはなかなかハードルが高い行動経済学。そのなかから３冊を選んでみました。上級・初級・中級に相当する３冊です。本書のクイズのいくつかも、この３冊にヒントを得て作成しています。

『ファスト＆スロー　あなたの意思はどのように決まるか』（上・下）
ダニエル・カーネマン著、村井章子訳、早川書房

　行動経済学の父、カーネマン博士の書かれた本です。読み応え十分で、初心者にとっては、十分過ぎる上級書。他の本で行動経済学のあらましを知ったあとで読んだほうがいいかもしれません。

『鈴木敏文の実践！ 行動経済学』
鈴木敏文著、勝見明構成、朝日新聞出版

　本書を読んで行動経済学を学びたいと思った初心者の方には、まずこちらの本をオススメします。セブン－イレブンやヨーカ堂が行動経済学をどうビジネスに活かしているのかをCEO自ら明らかにしていますので、現場に近い学びが得られます。

『不合理な地球人 お金とココロの行動経済学』

ハワード・S・ダンフォード著、朝日新聞出版

　行動経済学を学ぶ中級書。書かれているのはかなり難しい内容ですが、宇宙人ジョーンズが地球人を語るという、缶コーヒーのCMを彷彿とさせる構成で、比較的楽しく読めます。

◆管理会計についてくわしく知る

　管理会計分野については、会計的なテキストよりも「経営者の書いた会計書」あるいは「数字の登場する経営書」をまずは読んだ方がわかりやすいと思います。ということで、下記の2冊を選んでみました。

『稲盛和夫の実学 経営と会計』

稲盛和夫著、日経ビジネス人文庫

　もはやロングセラーを飛び越して古典といってもいい本。「会計がわからんで経営がわかるか！」というメッセージは、刊行から15年以上経っても古くなることはありません。「経営者の書いた会計書」としては、まちがいなくナンバーワンの存在だと思います。

『経営パワーの危機
会社再建の企業変革ドラマ』
三枝匡著、日経ビジネス人文庫

　現ミスミグループ本社会長が書いたロングセラー。ストーリー形式でグイグイ引き込まれて読んでしまう本です。数字を用いながらどう経営問題を解決し、企業を再生させていくか。読み始めると止まらなくなりますので要注意。

◆決算書・経営分析についてくわしく知る

　決算書や会計については、たくさんの入門書が書店にあふれかえっており、初心者の方は大いに迷うところだと思います。本書の冒頭にも書いたとおり、決算書を「作る」のではなく、「読む・活かす」という視点から書かれた２冊をご紹介します。

『実学入門 経営がみえる会計〈第4版〉』
田中靖浩著、日本経済新聞出版社

　どこの誰が書いたか知りませんが、これも10年以上売れているロングセラーです。決算書のしくみを「投資とリターン」という考え方で解剖した一冊。良い評判も聞くし、いい入門書なんだと思います。たぶん。

『コンサルタントは決算書の どこを見ているのか』
安本隆晴著、PHPビジネス新書

　著者はユニクロやアスクルの社外監査役として現場を見てきたコンサルタント。本書で扱った決算書やROAなどの知識を、さらに専門的に深めるのではなく、現場で活かせるようになりたい人にオススメの本です。

◆孫子の兵法についてくわしく知る

　孫氏の兵法についても、数多くの書籍が刊行されています。そんな中で、基本を押さえた１冊と、ビジネスに活かすための１冊を選びました。

『孫子の兵法』
守屋洋著、三笠書房知的生きかた文庫

　孫子の兵法の逐条解釈的な１冊。刊行から30年にわたって読まれているロングセラーです。まず原文を知りたいという方にオススメ。

『最高の戦略教科書　孫子』
守屋淳著、日本経済新聞出版社

　400ページ近いボリュームのわりに、読んでみるとまったく分厚さを感じさせない１冊。孫子の名言と

現代をつなぐ技にかけては天下一品の著者の解説を読んで、「古典はこうやって読めばいいのか」も学べる１粒で２度美味しい本。

きわめて個人的で、きわめて真面目なあとがき

　ここまで本書のクイズにお付き合いくださった皆さま、最後までありがとうございました。

　私はこれまで、『右脳でわかる！　会計力トレーニング』はじめ、数冊のクイズ本や会計の解説書を出版いたしました。

　私にとって初めての著作となる『実学入門　経営がみえる会計』を出版したのは1999年です。あの頃はまだ有価証券報告書という紙の冊子から決算書データをとってきていました。その後2000年代になってインターネット環境が整備され、ウェブサイトから決算書データが入手可能になりました。会計本の執筆者としては、どんどん「楽な環境」で執筆ができるようになったのです。

　しかしその間、わが国の景気は悪くなる一方でした。

　皮肉にも2000年代に入って景気が悪くなればなるほど、会計士の私には仕事が舞い込みました。

　会計本の執筆や講演・セミナーの講師などで忙しく仕事する毎日。おそらく会計は「不景気向き」なのだと思います。世の中の景気が悪くなればなるほど、人々は数字に対する関心を強めます。また、会社の業績が悪くなればなるほど、経営者は数字管理を強めるようです。

　そんな「不況の追い風」のもとで私は原稿・講演・コンサルティングの仕事をしてきました。

もちろん仕事が増えるのは嬉しいことであり、会社の求めに従ってIR（インベスター・リレーションズ）や予算制度、管理会計制度を構築するお手伝いなどを、数多く手がけてきました。
　ここ数年、そんな仕事をするうち「何かがおかしい」と違和感を感じ始めたのです。

　「何かがおかしい」……その得体の知れない違和感は私の中でどんどん大きくなります。
　最近になってやっと気が付きました。それは「会社を良くするための数字管理が、会社をダメにしているのではないか」という違和感だったのです。きちんと目標設定してPDCAを回すはずの予算制度が、「形式通りに使うだけ」の制度に成り下がっています。またドンブリ勘定を脱して、部門ごとの数字を見える化するはずのセグメントデータが「部門間の内部対立」を生んでいます。
　本来、良い会社をつくるために行ったはずの数字管理が、むしろ会社の活力を削いでいる事例に、数多く出合うようになりました。
「これはぜったいにまちがっている」……いま私はそんな確信を持っています。
　日本の会社の数字管理は、あまりに短期志向に陥り、組織の勢いを削ぐ方向に向かっています。厳しい業績のいまだからこそ、もっと数字を上手に使うべきです。従業員が働きやすいように、会社全体の勢いを増すよ

うな方向で数字を活用せねばなりません。そのためには従来の「経理的視点」で「会社の数字」を見ることをやめるべきです。

　もっと広い視野で、もっと柔軟に、もっと現場に近い目線で「会社の数字」を考えてみたい——私のそんな思いを本書では章立てで表現してみました。いきなり行動経済学から始めたり、「孫子の兵法」で終わる唐突な構成にしたのはそのためです。

　これからもまだまだ「身近で楽しく、会社を元気にする会計」を目指して、コンテンツを提供し続けていこうと思います。

　読者の皆さま、またどこかでお目にかかるのを楽しみにしています！　ではごきげんよう！

田中靖浩

クイズに登場した企業のバックデータ

P93…Q26　日テレの貸借対照表を探せ！
　　　日本放送協会
　　　　資産1,046,579　負債360,826
　　　　株主出資444,979　利益剰余金240,774
　　　フジ・メディア・ホールディングス
　　　　資産952,335　負債384,135
　　　　株主出資319,864　利益剰余金248,336
　　　日テレホールディングス
　　　　資産598,075　負債109,954
　　　　株主出資48,186　利益剰余金439,935
　　　テレビ東京ホールディングス
　　　　資産85,947　負債23,729
　　　　株主出資30,685　利益剰余金31,533
　　　＊単位100万円、いずれも2013年3月期

P95…Q27　日産自動車の貸借対照表を探せ！
　　　トヨタ自動車
　　　　資産35,483,317　負債22,710,461
　　　　株主出資948,090　利益剰余金11,824,766
　　　本田技研工業
　　　　資産13,635,357　負債8,437,615
　　　　株主出資257,184　利益剰余金4,940,558
　　　日産自動車
　　　　資産12,805,170　負債8,731,177
　　　　株主出資1,410,284　利益剰余金2,663,709
　　　＊単位100万円、いずれも2013年3月期

P97…Q28　生まれ変わった日本航空、再建への努力とは？
　　　2009年3月期
　　　　資産1,750,679　負債210,034
　　　　株主出資1,553,907　利益剰余金406,806
　　　2012年3月期
　　　　資産1,087,627　負債673,766
　　　　株主出資371,253　利益剰余金42,608
　　　＊単位100万円

P105…Q32　**貸借対照表が小さいのはコクヨかアスクルか？**
　　アスクル
　　　　資産110,151　　負債53,215
　　　　株主出資42,552　　利益剰余金14,384
　　　　営業利益6,880
　　コクヨ
　　　　資産270,738　　負債105,081
　　　　株主出資34,915　　利益剰余金130,742
　　　　営業利益6,426
　　＊単位100万円、アスクルは2013年5月期、
　　　コクヨは2013年12月期

P149
P150 …Q47　**派手なM＆Aでキリンの決算書は
　　　　　 どう変わったか①**
　　2004年12月期
　　　　資産1,823,790　　負債886,317
　　　　株主出資173,029　　利益剰余金764,444
　　2013年12月期
　　　　資産2,896,456　　負債1,595,729
　　　　株主出資183,462　　利益剰余金1,117,265
　　＊単位100万円

写真キャプション＆クレジット

P43　　LED電球の売り場　アフロ
P51　　2002年8月、先行値下げを行うマクドナルド店舗
　　　　（横浜市）　日本経済新聞社
P59　　後部窓ガラスで割引サービスを打ち出す
　　　　大阪のタクシー　日本経済新聞社
P67　　うどん定期券　はなまる
P101　1964年の東京オリンピック開会式
　　　　Mondadori/アフロ
P147　007にも登場したオメガの時計　ロイター/アフロ
P165　店内のビールサーバー　ビールスタンド重富
P169　珈琲屋OBログ八潮本店の外観　珈琲茶館OB
P173　リッツ・カールトン香港の外観　ロイター/アフロ

日経文庫案内 (1)

〈A〉 経済・金融

1	経済指標の読み方(上)	日本経済新聞社
2	経済指標の読み方(下)	日本経済新聞社
3	貿易の知識	小峰・村田
5	外国為替の実務	三菱UFJリサーチ&コンサルティング
6	貿易為替用語辞典	東京リサーチインターナーショナル
7	外国為替の知識	国際通貨研究所
8	金融用語辞典	深尾 光洋
18	リースの知識	宮内 義彦
19	株価の見方	日本経済新聞社
21	株式用語辞典	日本経済新聞社
23	債券取引の知識	武内 浩二
24	株式公開の知識	加藤・松野
26	EUの知識	藤井 良広
32	不動産用語辞典	日本不動産研究所
34	保険の知識	真屋 尚生
35	クレジットカードの知識	水上 宏明
36	環境経済入門	三橋 規宏
40	損害保険の知識	玉村 勝彦
42	証券投資理論入門	大村・俊野
44	証券化の知識	大橋 和彦
45	入門・貿易実務	椿 弘次
47	デフレとインフレ	内田 真人
48	わかりやすい企業年金	久保 知行
49	通貨を読む	滝田 洋一
52	石油を読む	藤 和彦
53	株式市場を読み解く	前田 昌孝
54	商品取引入門	日本経済新聞社
55	日本の銀行	笹島 勝人
56	デイトレード入門	廣重 勝彦
57	有望株の選び方	鈴木 一之
58	中国を知る	遊川 和郎
59	株に強くなる 投資指標の読み方	日経マネー
60	信託の仕組み	井上 聡
61	電子マネーがわかる	岡田 仁志
62	株式先物入門	廣重 勝彦
63	排出量取引入門	三菱総合研究所
64	FX取引入門	廣重・平田
65	資源を読む	柴田明夫・丸紅経済研究所
66	PPPの知識	町田 裕彦
67	エネルギーを読む	芥田 知至
68	アメリカを知る	実 哲也
69	食料を読む	鈴木・木下
70	ETF投資入門	カン・チュンド
71	レアメタル・レアアースがわかる	西脇 文男
72	再生可能エネルギーがわかる	西脇 文男
73	デリバティブがわかる	可児・雪上
74	金融リスクマネジメント入門	森平 爽一郎
75	クレジットの基本	水上 宏明
76	世界紛争地図	日本経済新聞社

〈B〉 経 営

9	経営計画の立て方	神谷・森田
11	設備投資計画の立て方	久保田 政純
13	研究開発マネジメント入門	今野 浩一郎
18	ジャスト・イン・タイム生産の実際	平野 裕之
23	コストダウンのためのIE入門	岩坪 友義
25	在庫管理の実際	平野 裕之
28	リース取引の実際	森住 祐治
32	人事マン入門	桐村 晋次
33	人事管理入門	今野 浩一郎
38	人材育成の進め方	桐村 晋次
41	目標管理の手引	金津 健治
42	OJTの実際	寺澤 弘忠
49	セールス・トーク入門	笠巻 勝利
51	ISO9000の知識	中條 武志
56	キャッシュフロー経営入門	中沢・池田
58	M&A入門	北地・北爪
61	サプライチェーン経営入門	藤野 直明
63	クレーム対応の実際	中森・竹内
64	アウトソーシングの知識	妹尾 雅夫
67	会社分割の進め方	中村・山田
70	製品開発の知識	延岡 健太郎
71	コンピテンシー活用の実際	相原 孝夫
73	ISO14000入門	吉澤 正
74	コンプライアンスの知識	髙 巖
75	持株会社経営の実際	武藤 泰明
76	人材マネジメント入門	守島 基博

日経文庫案内 (2)

77	チームマネジメント	古川　久　敬
78	日本の経営	森　　一　夫
79	IR戦略の実際	佐　藤　淑　子
80	パート・契約・派遣・請負の人材活用	佐　藤　博　樹
81	知財マネジメント入門	米　山・渡　部
82	CSR入門	岡　本　享　二
83	成功するビジネスプラン	伊　藤　良　二
84	企業経営入門	遠　藤　　　功
85	はじめてのプロジェクトマネジメント	近　藤　哲　生
86	人事考課の実際	金　津　健　治
87	TQM品質管理入門	山　田　　　秀
88	品質管理のための統計手法	永　田　　　靖
89	品質管理のためのカイゼン入門	山　田　　　秀
90	営業戦略の実際	北　村　尚　夫
91	職務・役割主義の人事	長谷川　直　紀
92	バランス・スコアカードの知識	吉　川　武　男
93	経営用語辞典	武　藤　泰　明
94	技術マネジメント入門	三　澤　一　文
95	メンタルヘルス入門	島　　　悟
96	会社合併の進め方	玉　井　裕　子
97	購買・調達の実際	上　原　　　修
98	中小企業のための 事業承継の進め方	松　木　謙一郎
99	提案営業の進め方	松　丘　啓　司
100	EDIの知識	流通システム開発センター
101	タグチメソッド入門	立　林　和　夫
102	公益法人の基礎知識	熊　谷　則　一
103	環境経営入門	足　達　英一郎
104	職場のワーク・ライフ・バランス	佐　藤・武　石
105	企業審査入門	久保田　政　純
106	ブルー・オーシャン戦略を読む	安　部　義　彦
107	パワーハラスメント	岡　田・稲　尾
108	スマートグリッドがわかる	本　橋　恵　一
109	BCP〈事業継続計画〉入門	緒　方・石　丸
110	ビッグデータ・ビジネス	鈴　木　良　介
111	企業戦略を考える	淺　羽・須　藤
112	職場のメンタルヘルス入門	難　波　克　行
113	組織を強くする人材活用戦略	太　田　　　肇

〈C〉　会計・税務

1	財務諸表の見方	日本経済新聞社
2	初級簿記の知識	山　浦・大　倉
4	会計学入門	桜　井　久　勝
12	経営分析の知識	岩　本　　　繁
13	Q＆A経営分析の実際	川　口　　　勉
18	月次決算の進め方	金　児　　　昭
23	原価計算の知識	加　登・山　本
37	入門・英文会計(上)	小　島　義　輝
38	入門・英文会計(下)	小　島　義　輝
41	管理会計入門	加　登　　　豊
46	コストマネジメント入門	伊　藤　嘉　博
48	時価・減損会計の知識	中　島　康　晴
49	Q&Aリースの会計・税務	井　上　雅　彦
50	会社経理入門	佐　藤　裕　一
51	企業結合会計の知識	関　根　愛　子
52	退職給付会計の知識	泉　本　小夜子
53	会計用語辞典	片　山・井　上
54	内部統制の知識	町　田　祥　弘
56	減価償却がわかる	都・手　塚

〈D〉　法律・法務

2	会社法務入門	堀・淵　邊
3	部下をもつ人のための 人事・労務の法律	安　西　　　愈
4	人事の法律常識	安　西　　　愈
6	取締役の法律知識	中　島　　　茂
11	不動産の法律知識	鎌　野　邦　樹
14	独占禁止法入門	厚　谷　襄　児
15	知的財産権の知識	寒河江　孝　允
19	Q&A　PLの実際	三　井・相　澤
20	リスクマネジメントの法律知識	長谷川　俊　明
22	環境法入門	畠山・大塚・北村
24	株主総会の進め方	中　島　　　茂
25	Q&A「社員の問題行動」対応の法律知識	山　田　秀　雄
26	個人情報保護法の知識	岡　村　久　道

27	倒産法入門	田頭 章一
28	銀行の法律知識	階・渡邉
29	債権回収の進め方	池辺 吉博
30	金融商品取引法入門	黒沼 悦郎
31	会社法の仕組み	近藤 光男
32	信託法入門	道垣内 弘人
34	労働契約の実務	浅井 隆
35	不動産登記法入門	山野目 章夫
36	保険法入門	竹濱 修
37	契約書の見方・つくり方	淵邊 善彦
38	雇用法改正 人事・労務はこう変わる	安西 愈
39	Q&A 管理職のための労働法の使い方	浅井 隆
40	労働法の基本	山川 隆一
41	ビジネス法律力トレーニング	淵邊 善彦

〈E〉 流通・マーケティング

2	流通経済入門	徳田 賢二
5	物流の知識	宮下・中田
6	ロジスティクス入門	中田 信哉
13	マーケティング戦略の実際	水口 健次
16	ブランド戦略の実際	小川 孔輔
20	エリア・マーケティングの実際	米田 清紀
23	マーチャンダイジングの知識	田島 義博
28	広告入門	梶山 皓
30	広告用語辞典	日経広告研究所
32	マーケティングの知識	田村 正紀
34	セールス・プロモーションの実際	渡辺・守口
35	マーケティング活動の進め方	木村 達也
36	売場づくりの知識	鈴木 哲男
39	コンビニエンスストアの知識	木下 安司
40	CRMの実際	古林 宏
41	マーケティング・リサーチの実際	近藤・小田
42	接客販売入門	北山 節子
43	フランチャイズ・ビジネスの実際	内川 昭比古
44	競合店対策の実際	鈴木 哲男
46	マーケティング用語辞典	和田・日本マーケティング協会
47	ヒットを読む	品田 英雄
48	小売店長の常識	木下・竹山
49	ロジスティクス用語辞典	日通総合研究所
50	サービス・マーケティング入門	山本 昭二
51	顧客満足[CS]の知識	小野 讓司
52	消費者行動の知識	青木 幸弘
53	接客サービスのマネジメント	石原 直
54	物流がわかる	角井 亮一
55	最強販売員トレーニング	北山 節子

【著者略歴】
田中靖浩（たなか・やすひろ）
田中公認会計士事務所所長
1963年三重県四日市市出身。
早稲田大学卒業後、外資系コンサルティング会社などを経て現職。
中小企業向け経営コンサルティング、経営・会計セミナー、講演、
書籍の執筆、新聞・雑誌の連載などで活躍中。最近では、落語家ほ
かとの共演イベントを開催するなど活動の幅を広げている。
著書に、『右脳でわかる！　会計力トレーニング』『ビジネスに生か
す日商簿記3級』（以上、日本経済新聞出版社）『数字は見るな！
3つの図形でわかる決算書超入門』（日経ビジネス人文庫）、『40歳
からの"名刺をすてられる"生き方』『貯金ゼロでも幸せに生きる
方法』（以上、講談社プラスアルファ新書）ほか多数。
田中靖浩事務所ウェブサイト：http://www.yasuhiro-tanaka.com/

日経文庫1307
クイズで身につく会社の数字

2014年4月15日　1版1刷

著　者	田　中　靖　浩
発行者	斎　藤　修　一
発行所	日本経済新聞出版社

　　　http://www.nikkeibook.com/
　　　東京都千代田区大手町1-3-7　郵便番号100-8066
　　　電話（03）3270-0251（代）

印刷／製本 広研印刷
Ⓒ Yasuhiro Tanaka, 2014
ISBN978-4-532-11307-0

本書の無断複写複製（コピー）は、特定の場合を除
き、著作者および出版社の権利の侵害となります。

Printed in Japan